Dieses Buch gehört

Warum nur eine Sache schenken, wenn man 1.000 Dinge schenken kann? Mach deinem Lieblingsmenschen, Erzfeind oder dir selbst eine Riesenfreude mit **1000things für:**

Christoph

Was es zu erleben gibt

Vorwort

Wie schnell die Zeit vergeht, wenn man Spaß hat! Da schnabuliert, trinkt, wandert, fotografiert, töpfert, witzelt und feiert man sich durch Wien und ganz Österreich und schon sind zehn Jahre um. Zehn Jahre 1000things, in denen wir unsere Community inspirieren, zu der du, ja du, spätestens jetzt auch zählst, weil du dieses Buch in den Händen hältst. Bei uns auf 1000things.at findest du die leiwandsten Neueröffnungen, die schillerndsten Bars und gemütlichsten Beisln, die spannendsten Ausflüge und idyllischsten Wanderungen, aber auch Reportagen, Interviews, Kolumnen und das Wichtigste: eine ordentliche Prise Schmäh.

Weil man „inspirieren" nicht ohne „erleben" schreiben sollte, gehen wir jetzt noch einen Schritt weiter: Aus unseren mittlerweile schon weit mehr als 1.000 Tipps haben wir ein Best-of zu diesem Guide zusammengebastelt, der mit dir Seite an Seite die ganze Stadt erkundet.

Damit diese Marmeladenglasmomente auch wirklich fachgerecht im Hirnkasterl aufbewahrt sind, packen wir dir fixfertige To-do-Listen zum Selbstausfüllen dazu. Und weil man Zeit faktisch nicht schenken kann, schenken wir dir stattdessen lieber exklusive Erlebnisse zum Genießen und Teilen – in Form von Gutscheinen. Ja, richtig gelesen, dieses Buch ist ein Guide, der dir mit Gutscheinen das Erleben leicht macht.

Außerdem kannst du dich natürlich jederzeit durch unsere Website und Social-Media-Kanäle wühlen. In den einzelnen Kapiteln findest du QR-Codes, die zu passenden Artikeln auf unserer Website verlinken.

Probier's am besten gleich mal aus:

Jetzt, da wir alle potenziellen Ausreden mit großem Nipf über die Häuser g'haut haben, gibt's also kein fades Aug' mehr – wir gehen auf Lepschi! Begib dich mit uns auf Erkundungstour, entdecke Wien in seiner ganzen Vielfalt und verliebe dich noch mal ganz neu in die Stadt, die viel mehr zu bieten hat als Grammeln, Grant und Gloria.

Kapitel 1

Für dich

Nicht erst auf andere warten, lieber gleich losstarten! Erobere die Stadt auf eigene Faust. Wir verraten dir, was du alleine in Wien unternehmen kannst.

Kultur & Natur

- ○ *Im Café Hildebrandt das Buch vom Nachttisch endlich zu Ende lesen*
- ○ *Anschließend ins Volkskundemuseum hinüberspazieren*
- ○ *Auf günstige Restplatzkarten in einem der Wiener Theater vorbeischauen*
- ○ *Die Schattenseiten der Stadt bei einer Führung von Shades Tours kennenlernen*
- ○ *Eine Runde spazieren – durch den Türkenschanzpark, den Schwarzenbergpark oder den Kurpark Oberlaa*

WELLNESS

- ○ *Die Schokolade-Körpermaske im Aisawan Boutique Spa ausprobieren*
- ○ *Die Nägel bei Babetown aufmotzen lassen*
- ○ *Meditieren im Calm Studio*
- ○ *Massage in der Stressdeponie*
- ○ *Im Day Spa vom Sans Souci ordentlich runterkommen*
- ○ *Yogisieren in einem unserer liebsten Studios*

SHOPPING

- ○ *wow.*
- ○ *Grandios*
- ○ *Paula*
- ○ *Calienna*
- ○ *Fräulein Kleidsam*
- ○ *Rosa Marlene*
- ○ *Stielreich*
- ○ *glore*

DAS UNTERNEHME ICH AM LIEBSTEN ALLEINE:

Kapitel 2

Für die Hummeln im Hintern

Es lebe der Sport! Anders als in Rainhard Fendrichs ironischer Hymne reicht uns das Mitfiebern vor der Glotze nicht. Wir werden lieber selbst aktiv. Deshalb zeigen wir dir, wo du in Wien die Muckis tanzen lassen, den herabschauenden Hund äußerln führen oder einfach fröhlich durch den urbanen Dschungel stiefeln kannst.

Was ist dir lieber?

Na, wonach steht dir der Sinn? Kringle an, was dir taugt, streich durch, was dich anfeut. Oder mal ein paar Herzchen daneben.

Tennis	/	Federball
Pumpen im Gym	/	Ausdauertraining
Yoga	/	SuperCycle
Wakeboarden	/	SUP
Schwimmen	/	Wandern

Fitness

Wir beginnen gleich mal fließend mit einem Sonnengruß, machen ein paar Hampelmänner und flexen die Wadeln beim Indoor-Radeln. Also roll deine Matte aus, schmeiß dich in deine Radler-Hosen oder streif dir die Boxhandschuhe über.

The Wyld Thing

1090 „Wild thing, you make my heart sing." Okay, mit ihrem „Wild Thing" haben The Troggs wohl nicht die Yoga-Pose gemeint, aber auch im Wyld Thing von Julia Pross singt unser Herz. Hier gibt's nämlich nicht nur verschiedene Yoga-Klassen mit unterschiedlichen Stilen und Schwierigkeitsgraden, sondern auch Workshops wie Kakaozeremonien und Neumondwünschen. Über das helle Studio mit den hohen Stuckdecken geht das Angebot weit hinaus, mit SUP-Yoga, Outdoor-Yoga, Rooftop-Yoga und Retreats, also so ziemlich allem, womit sich Yoga kombinieren lässt.

Elly Magpie – Fitness for every body

1110 Denn einen sportlichen Körper gibt es nicht. Fitness kommt in verschiedensten Größen und Formen. Deshalb widmet sich Trainerin Elly Magpie in ihrem Studio im Elften Workouts für every body und everybody: Mobility, Erlernen von Bewegungsmustern, Cardio mit Musik, Yoga, Pilates, Boxen, Krav Maga und viel, viel mehr. Hauptsache, die Freude an der Bewegung steht im Vordergrund. Und das Wichtigste: Bodyshaming und toxische Mindsets bleiben draußen!

Elly Magpie © Foto: @verynice.studio

SuperCycle

1070 u. a. Abgedunkeltes Studio, pulsierende Beats und intensive Choreos vereinen die Workouts von SuperCycle. Hier dreht sich alles ums Radeln – und zwar ums Radeln an sich. Die Trainer*innen gestalten ihre Workouts und Playlists unterschiedlich und strampeln mit dir zu 80s, 90s oder Electro.

© Foto: Sigrid Mayer

FAME Boxing

1010 Aggressionsabbau und Club-Atmo in einem? Dazu braucht es nicht erst „Murder on the Dancefloor“. Das geht auch ganz ohne brutale Szene bei FAME Boxing. Bei Neonlicht und lauter Musik prügelst du in vorher gut erklärten Bewegungsabfolgen auf dein Gegenüber ein, immer wieder unterbrochen von Übungen auf der Matte. Und keine Sorge: Du trittst nicht gegen andere in den Ring, sondern klopfst lediglich deinen Boxsack weich.

© Foto: Aaron Jiang

Jubiläumswarte © Foto: Philipp Wieser

Mizzi-Langer-Wand © Foto: Marie Amenitsch, 1000things

Wandern

Was in Österreich im Winter das Skifahren ist, ist im Sommer das Wandern: Alle tun es oder reden zumindest darüber, es möglichst bald mal wieder zu tun. Und die, die es nicht – oder wenigstens nicht gerne – tun, sprechen in einem Ton darüber, der einer kontroversen Verschwörungstheorie gleicht. Dass die Stadt Wien stolze zwölf Stadtwanderwege auffährt, kommt also nicht von ungefähr. Wir stellen dir unsere bevorzugten Routen vor, den Rest erkundest du am besten selbst.

Stadtwanderweg 4

1140 Wir starten ganz entspannt mit einem der kürzeren Stadtwanderwege. Er verläuft auf sieben Kilometern durch den märchenhaften Dehnepark und hinauf zur Jubiläumswarte. Wenn du nicht denselben Weg wieder retour nehmen willst, kannst du von hier aus auch dem Stadtwanderweg 4a zur U3-Endstation Ottakring folgen. Dabei passierst du nicht nur die Kreuzeichenwiese und auf ihr mit Sicherheit herumtollende Hunde, sondern auch idyllische Ottakringer Heurigen, besonders wenn du in die Johann-Staud-Straße abbiegst.

Stadtwanderweg 6

1230 Von einem der kürzesten zu einem der längsten Stadtwanderwege: Nummer 6 führt dich auf 12,5 Kilometern von der 60er-Endstation in Rodaun über den Zugberg und bis zum Maurerwald. Auf der Mizzi-Langer-Wand genießt du die herrliche Aussicht. Unterwegs kommst du an der Wiener Hütte vorbei, wo du besonders im Sommer unbedingt für Deftiges vom Grill einkehren solltest.

Parapluiestrecke

1230 Von Rodaun aus nehmen wir auch gerne die Parapluiestrecke, die dich von der Perchtoldsdorfer Heide in etwa dreieinhalb Stunden bis zur Josefswarte hinaufführt. Dort hast du nicht nur einen herrlichen Ausblick auf Wien, sondern wirst in der Kammersteinerhütte auch mit Schmankerln versorgt. Die gibt's entlang des Weges auch im Franz-Ferdinand-Schutzhaus, das noch dazu mit einer großen Terrasse und einmaligem Blick auf die Stadt lockt.

Die Parapluiestrecke heißt so, weil sie von Schirmföhren gesäumt wird, deren Kronen an Regenschirme erinnern.

DIESE WANDERUNGEN KÖNNTE ICH IMMER WIEDER MACHEN:

Stadtwanderweg 8

1140 Wer die 1000things Website regelmäßig frequentiert, hat sie sicher schon öfter gesehen, die bunten Holzschaukeln auf der Sophienalpe. Ja, wir sind Fans! Aber nicht nur von den Schaukeln, sondern auch vom Weg dahin, der beim Kasgraben startet und über ein kurzes, steiles Stück im Wald auf das Hochplateau führt. Bergab geht's dann ebenfalls durch den Wald und an einer Pferdekoppel vorbei in Richtung Laudongrab.

„I MOG NIMMA"

Suder-Bingo zum Ankreuzen

„BLEIB MA MAL STEHN"

„ICH HAB SCHON SO HUNGER!"

„WANN SIND WIR DENN ENDLICH DA?"

„BANKERLPAUSE!"

Ausflüge in und um Wien

Manchmal wandern wir nicht nur drauflos, manchmal fliegen wir sogar durch die Luft. Am liebsten zwangsverpflichten wir dazu die ganze Familie, Kind und Kegel, Hund und Katz' und schwärmen aus. Ein paar unserer liebsten Ausflugsziele in Wien und über den Stadtrand hinaus zeigen wir dir hier, den Rest findest du – du kennt das Spielchen ja mittlerweile – auf unserer Website.

© Foto: Erlebniswelt Kahlenberg

Waldseilpark Kahlenberg

1190 Man kann kein Erlebnisbuch über Wien schreiben, ohne nicht mindestens einmal vom Kahlenberg zu schwärmen. Mit seinen 484 Metern Seehöhe ist er nicht besonders hoch, ja nicht einmal der höchste Berg in Wien, aber definitiv der beliebteste. Sogar klettern kannst du hier ausgiebig: Der Waldseilpark Kahlenberg führt dich auf Parcours in unterschiedlichen Schwierigkeitsgraden durchs Wienerwald-Dickicht und schickt dich auf einem Flying Fox in die Tiefe.

Lainzer Tiergarten © Foto: Lisa Oberndorfer, 1000things

Böhmischer Prater

1100 Auf der anderen Seite Wiens wölbt sich der Laaer Berg sanft über Favoriten auf. Mitten durch das Erholungsgebiet Laaer Wald zieht sich eine Straße, die ist, wie keine andere: Der Böhmische Prater ist quasi der Wurstelprater en miniature. Das Riesenrad ist hier vielleicht nur etwa 25 Meter hoch, das Langos dafür umso knuspriger und die Stimmung umso uriger. Übrigens findest du hier auch einen unserer liebsten Minigolf-Plätze in Wien.

Lainzer Tiergarten

1130 & 1230 Flora und Fauna warten im weitläufigen Lainzer Tiergarten auf dich – bei freiem Eintritt. Weite Wanderwege, schattiger Wald und grüne Wiesen eignen sich ideal für eine ausgedehnte Stadtflucht. Außerdem wohnen hier 13 Fledermaus-Arten, Auerochsen, Hirsche, Rehe, Mufflons und ganz viele Wildschweine, denen du aber besser nicht zu nahe kommst. Fällt dein Besuch auf den ersten Sonntag des Monats, kannst du auch gleich gratis in der Hermesvilla vorbeischauen, die auf dem Gelände liegt.

Schlosspark Laxenburg

2361 Auch außerhalb Wiens gibt es natürlich allerhand zu erleben. Der Klassiker unter den Halbtagesausflügen ist etwa der wunderschöne Schlosspark Laxenburg, den du zum Flanieren, kitschig Seufzen und sogar zum Bootfahren nutzen kannst. In der Mitte liegt der See, auf dem du dir Tret- oder Ruderboot ausborgst und damit rund um die märchenhafte Franzensburg in der Mitte schipperst.

Bahnwanderweg Semmering

2680 Noch etwas weiter außerhalb liegt der Hausberg der Wiener*innen: der Semmering. Besonders gerne stiefeln wir hier am Bahnwanderweg herum, den erreichst du übrigens ganz easy mit dem Zug. Vom Bahnhof Semmering wanderst du auf den Spuren der Semmeringbahn, kommst an tollen Aussichtspunkten und dem Ghega-Museum vorbei und kannst entweder beim Bahnhof Breitenstein wieder in die Öffis wechseln oder bis nach Gloggnitz weiterwandern.

© Foto: Michelle Doninger, 1000things

© Foto: Philipp Wieser

Auf die Plätze, fertig, los!

LIEBLINGSSPORTART:

Schönstes Platzerl auf meiner Lieblingswanderung:

DIESE NEUE SPORTART HAT RICHTIG SPASS GEMACHT:

Das möchte ich mal ausprobieren:

HIER PLANSCHE ICH IM SOMMER AM LIEBSTEN:

Minigolf-Bingo

MQ AMORE MINIGOLF-SKULPTUREN-PARK	BÖHMISCHER PRATER	BLACKLITE ARENA	POSTSPORT-VEREIN
GOLF-STÜBERL	WASSERPARK FLORIDSDORF	BAHNEN-GOLF-ZENTRUM	MINIGOLF PRATER

Platz für meine Erinnerungen:

Kapitel 3

Fürs Börserl

Ein ausgedehnter Erkundungstrip durch Wien kann schon mal ein Loch ins Börserl reißen. Muss er aber nicht. Denn wir haben uns überlegt, wie man möglichst günstig oder sogar gratis ein paar eindrucksvolle Erlebnisse fürs Erinnerungsbuch sammeln kann. Gönn deinem Geldtascherl eine verdiente Pause und begib dich mit uns auf Low-Budget-Tour.

MEINE LIEBSTEN GRATIS-AKTIVITÄTEN:

Kunst & Kultur günstig erleben

Hochkultur ist gleich hochpreisig? No way! Kulturgenuss kann in Wien wirklich erschwinglich sein. Man muss nur wissen, was, wie, wo und wann. Wir verraten's dir!

© Foto: Julia Maiss, 1000things

Gratis ins Wien Museum

1130 u. a. Die Dependancen des Wien Museums liegen in der ganzen Stadt verstreut. Jeden ersten Sonntag im Monat kannst du alle davon (außer die Otto-Wagner-Kirche am Steinhof) gratis besuchen. Besonders eindrucksvoll sind etwa die Hermesvilla im Lainzer Tiergarten oder das Römermuseum in der Innenstadt.

© Foto: Klaus Pichler

Gratis ins Circus- und Clownmuseum

1020 Das Circus- und Clownmuseum im Stuwerviertel zählt definitiv zu den eher skurrilen Museen in Wien. Es widmet sich mit anschaulichen Exponaten der Geschichte von Zirkus, Clownerie und Zauberkunst und natürlich des nahegelegenen Wiener Praters. Geöffnet ist am Sonntagvormittag, der Eintritt ist frei.

© Foto: Leonhard Hilzensauer

Günstiger ins MAK

1010 Das MAK – Museum für angewandte Kunst beherbergt eine beeindruckende Sammlung an historischem Kunsthandwerk sowie spannende zeitgenössische Ausstellungen. Die Tickets sind jeden Dienstagabend vergünstigt und die Pforten von 18 bis 21 Uhr für dich geöffnet.

© Foto: Barbara Pálffy

Günstiger in die Volksoper

1090 Operetten und Musicals kannst du in der Volksoper vergünstigt erleben. Neben vielen verschiedenen Ermäßigungen bekommen etwa alle unter 30 Jahren deutlich günstigere Tickets für ausgewählte Veranstaltungen und alle nicht ausverkauften Aufführungen. Die Karten gibt's ab Vorverkaufsbeginn an der Abendkassa.

Günstiger ins Theater

1010 u. a. Auch der Theaterbesuch in Wien muss nicht gleich den Kreditrahmen sprengen, wenn man nicht auf erste Reihe fußfrei besteht. In den meisten Theatern bekommen Schüler*innen, Lehrlinge, Präsenz- und Zivildiener unter 27 Jahren weitere Ermäßigungen. Im Burgtheater bekommen außerdem alle bei ausgewählten Veranstaltungen ab einer Stunde vor Beginn an der Abendkassa um 25 Prozent ermäßigte Last-Minute-Tickets.

Leihen statt kaufen

Pfeifen wir doch einfach aufs Geld und kehren zum Tauschhandel zurück! Okay, ganz so einfach ist das wahrscheinlich nicht. Wir fangen lieber mal mit ausborgen an. Das ist jedenfalls eine deutlich günstigere Alternative zu sündteuren Neuanschaffungen.

Leila Wien

1160 Leila ist die „erste Wiener Bibliothek der Dinge“. In ihrem Archiv hat sie so ziemlich alles, von Schokobrunnen bis Kreissägen. Um dir die Dinge ausleihen zu können, registrierst du dich vorab online, reservierst und holst ab. Da freut sich nicht nur das Börserl, sondern auch die Umwelt – ausleihen und tauschen schont die Ressourcen.

Spielebox

1080 Auf Gesellschaftsspiele musst du nicht erst eisern hinsparen. Du kannst sie dir in der WienXtra Spielebox ganz einfach ausleihen, sie ausprobieren und zurückbringen. Dabei hast du die Wahl aus Tausenden von Spielen, vom Anfänger-Uno bis zum Profi-Backgammon.

Die Schöne Pfuscherei

1160 In der Pfuscherei kannst du dich von Oldschool-Sattel zu Oldschool-Sattel schwingen. Denn hier gibt's tolle Vintage-Fahrräder zum Ausborgen. Das Ganze funktioniert im Abo-System: Du zahlst einen geringen monatlichen Betrag und kannst jederzeit dein Bike gegen ein anderes tauschen.

Endlos Fesch

1070 Der hippe Modeverleih besitzt in Wien eine Vorreiterrolle und versorgt dich mit tollem G'wand auf Zeit. Das Secondhand-Prinzip hebt man so aufs nächste Level: Du kannst dir bei ausgewählten Pop-ups oder online deine heiß begehrten Lieblingsteile ganz einfach ausborgen, auf Insta oder bei der nächsten Party damit angeben und sie anschließend retournieren.

Die Schöne Pfuscherei © Foto: Die Schöne Pfuscherei

Günstig essen

Teuer heißt nicht immer besser – und günstig nicht immer billig. Wahre Feinspitze wissen, wo man in Wien lukullische Freuden auch für wenig Geld bekommt. Deshalb verraten wir dir, wo du in Wien günstig und dabei richtig gut verköstigt wirst. Letztlich ist Kaviar doch auch nichts anderes als Fischbabybrei, oder?

Der Wiener Deewan © Foto: Natalie Deewan

Der Wiener Deewan

1090 u. a. Mit Sicherheit einer der Vorreiter in Sachen Pay-as-you-wish-Prinzip ist der Wiener Deewan. Hier bekommst du tolle pakistanische Gerichte vom Buffet und zahlst dafür so viel du kannst. Besonders praktisch: Das Buffet ist sogar bis 22.30 Uhr am Start. Du kannst dir die köstlichen Gerichte als take-away mitnehmen oder sie vor Ort genießen – entweder im nach unten hin mehrstöckigen, geschäftigen Lokal oder im Schanigarten.

Café Gagarin

1090 Auch im kollektivgeführten Café Gagarin kannst du selbst entscheiden, wie viel zu zahlen willst und kannst. Unter der Woche variieren die Tagesteller, aber es gibt auch fixe vegetarische oder vegane Speisen der internationalen Küche. Außerdem kann man bis Mittag frühstücken, warme Küche gibt's unter der Woche sogar bis 22 Uhr.

Neunerhaus Café © Foto: Christoph Liebentritt

Restaurant Zum Schinakl

1220 Apropos Fisch: Im Schinakl an der Alten Donau fühlen wir uns wie alte Seebären, so nah am Wasser und mit Grillduft in der Nase. Fürs Börserl lohnt sich ein Besuch besonders zum Mittagessen dank der wechselnden Menüs mit Hauptgericht und Vor- oder Nachspeise für um die 10 Euro. Sehr cool: Wenn du dein Essen zum Mitnehmen mit eigenem Mehrweg-Geschirr abholst, sparst du sogar noch einen Euro.

Neunerhaus Café

1050 Das Neunerhaus unterstützt obdach- und wohnungslose Menschen mit niederschwelliger medizinischer Versorgung für Mensch und Tier, Beratung und Unterbringung. Das dazugehörige Café bietet einen Treffpunkt für alle – jede*r ist willkommen, und das spürt man auch! Unter der Woche gibt es täglich ein frisch gekochtes vegetarisches oder veganes Mittagsmenü, hauptsächlich aus Bio-Zutaten. Bezahlt wird mit freier Spende: Wer mehr geben kann, gibt mehr, damit auch jene eine warme Mahlzeit bekommen, die sie sich sonst nicht leisten könnten.

Alte Donau

1210 & 1220 Schwimmen geht in Wien gratis und noch dazu ziemlich idyllisch. Entlang der Alten Donau findest du viele Holzstege und -plattformen, auf denen du dein Lager aufschlagen kannst. Im Sommer sind die Liegeplätze aber heiß begehrt, also steh lieber ein bisschen früher auf! Außerdem gibt's ringsum tolle Restaurants und Bootsverleihe, ein Abstecher zu ihnen ist dann natürlich nicht gratis, dafür aber auch ganz sicher nicht umsonst.

Alte Donau © Foto: Lisa Oberndorfer, 1000things

Gratis durch Wien

© Foto: Philipp Wieser

Botanischer Garten

1030 Im beeindruckenden Botanischen Garten der Universität Wien flanierst du bei freiem Eintritt an bedrohten Arten sowie exotischen und heimischen Pflanzen vorbei. Inmitten dieser rund acht Hektar großen Stadtoase in direkter Nachbarschaft zum Belvedere kann man schon mal die Zeit vergessen.

Max Brown Movie Nights

1070 Gratis ins Kino geht nicht? Geht doch! Das Max Brown Hotel im 7. Bezirk besitzt tatsächlich ein eigenes kleines Lichtspielhaus mit 30 Sitzplätzen. Jeden Sonntag flimmert ein Filmklassiker über die Leinwand und der Eintritt ist frei – Popcorn inklusive! Veredeln kannst du deinen Besuch dann noch mit Drinks von der Hotelbar. Im Sommer macht das Mini-Kino allerdings Pause.

Dauerausstellung des DÖW

1010 Das Dokumentationsarchiv des österreichischen Widerstandes (DÖW) dokumentiert in seiner Dauerausstellung im Alten Rathaus die Vorgeschichte des Nationalsozialismus, des Widerstands, der Verfolgung während der NS-Zeit und ihre Aufarbeitung nach 1945. Fotos, Dokumente und begleitende Texte bieten umfassende Einblicke. Die Ausstellung ist wochentags bei freiem Eintritt zugänglich, die genauen Öffnungszeiten entnimmst du am besten der Website.

Entdecke versteckte Orte in Wien

1

Wo warst du schon mal?

STERNWARTEPARK IN WÄHRING 4

GRUFT IN DER KARL-BORROMÄUS-KIRCHE AM ZENTRALFRIEDHOF

ERDBERGER STADTWILDNIS

FRIEDENSPAGODE 1

3 WOTRUBAKIRCHE

KUNSTEISBAHN ENGELMANN

Begib dich ein wenig abseits der Pfade und erkunde verwunschene Orte, entlegene Grätzel und unterschätzte Kleinode.

2 ALTE SCHANZEN STAMMERSDORF

SEMMELWEISKLINIK

AGNESBRÜNDL

GRABMALHAIN IM WALDMÜLLERPARK

2

3

4

LAUDONGRAB

JUGENDSTILTOILETTE AM GRABEN

LINIENKAPELLE IN HÜTTELDORF

WASSERTURM IN FAVORITEN

ALBERNER HAFEN UND FRIEDHOF DER NAMENLOSEN

BIO-FEIGENHOF IN SIMMERING

MIZZI-LANGER-WAND

© Illustration: Sandra Spiegl, 1000things

Kapitel 4

Für Hungrige

Jetzt geht's ans Eingemachte, Ausgebackene, Angebrutzelte und Durchgekochte. Man könnte auch sagen, es geht um die Wurst, aber das würde nur auf einen Bruchteil unseres Fundus an coolen kulinarischen Tipps in ganz Wien zutreffen. Ob Frühstück oder Dinner, veganes Schnitzel essen in besonders idyllischer Kulisse oder Wein trinken in den urigsten Heurigen – was in Wien über den Gaumen geht, muss zuerst einmal an uns vorbei, damit wir es dir empfehlen können.

Finde alle 9 Gerichte!

Q	J	G	F	R	L	J	H	F	D	B	O	S	N	A	D
G	E	R	M	K	N	O	E	D	E	L	F	G	D	C	X
D	E	H	L	J	G	F	D	X	W	U	A	K	J	Y	P
C	I	P	O	P	G	F	R	T	Z	N	K	N	J	H	E
F	T	A	F	E	L	S	P	I	T	Z	W	E	G	K	L
B	R	T	Z	O	B	U	C	H	T	E	L	N	K	O	H
D	I	U	U	V	Z	D	F	P	J	N	G	E	A	S	S
Q	G	O	A	P	F	E	L	S	T	R	U	D	E	L	I
L	E	T	R	G	I	U	S	C	H	N	I	T	Z	E	L

Brunch

Das Frühstück ist ja angeblich die Monarchin unter den Mahlzeiten. Und der Brunch ist ihr gefräßiger, gieriger und etwas verschlafener Kronprinz. Weil er ja eigentlich zwei Mahlzeiten in sich vereint, gibt es quasi keine festen Grenzen, was noch Brunch und was schon Nachmittagsjause ist. Um es mit dem Knödel-Zitat auszudrücken, das man Ferdinand I. so gerne in den Mund legt: Ich bin Kaiser, ich will Eierspeis-Lachsaufschnitt-Hummusbrot-Avocadocreme-noch-mal-Eierspeis-Croissant-Porridge-und-vielleicht-noch-mal-Eierspeis. Wobei Knödel jetzt eigentlich auch nicht schlecht wären.

Brick-15

1150 Das hippe Lokal in der ehemaligen Turnhalle einer jüdischen Community ist längst eine der beliebtesten Brunch-Locations der Stadt. An den Wochenenden bekommst du hier vegane und vegetarische Köstlichkeiten vom Buffet, die von Mal zu Mal wechseln und so immer neue Überraschungen garantieren. Besonders die Kuchen sind cremige, fluffige Highlights. Oder auch der Prosecco vom Fass.

magdas Hotel

1030 Im magdas kannst du nicht nur herrlich brunchen, lunchen und dinieren, sondern auch übernachten. Das Hotel ist ein Social Business, in dem Menschen mit Fluchterfahrung in Sachen Gastro und Hotellerie ausgebildet werden. Speziell das Brunchbuffet an den Wochenenden hat es uns angetan: Du kannst dich durch tolle Gerichte aus aller Welt kosten, die weit über Ham and Eggs hinausgehen.

Glashaus

1020 Im Glashaus werfen wir lieber nicht mit Steinen, dafür lassen wir aber die Korken knallen! Hier bekommst du an den Wochenenden nämlich dein eigenes Brunch-Buffet und musst dafür nicht einmal aufstehen – die Schlemmerei aus internationalen Frühstücksschmankerln kommt einfach zu dir an den Tisch. Im Schlepptau: so viel Prosecco, wie du trinken kannst. Bester. Sonntagmorgen. Ever.

1150

Brick-15

© Foto: Alice Bogni, 1000things

Ponykarussell

1020 Das Glück der Erde liegt ja bekanntlich auf dem Rücken der – Ponys? Wo früher die Hufen im Kreis trotteten, brunchen wir heute zum Quadrat! Die üppigen Grünpflanzen und die generell paradiesische Einrichtung dreht sich um die eindrucksvolle Molzer-Orgel. Aber nicht nur staunen, auch frühstücken kannst du hier nicht schlecht, sogar täglich bis nachmittags. Dabei hast du die Wahl aus einer zweiseitigen Karte und startest am besten mit einer Himbeer-Mimosa.

Brunch Bingo	PORRIDGE	BELEGTES SAUERTEIG-BROT	MATCHA LATTE	FRÜH-STÜCKS-BOWL
PANCAKES MIT BEEREN	HOMEMADE LEMONADE	AVOCADO-TOAST MIT EI	WIENER FRÜHSTÜCK	CROISSANT UND MELANGE

Abendessen

Auch abends lassen wir uns nicht lumpen und grasen unsere gastronomische To-do-Liste ab. Dabei sind wir natürlich immer auf der Suche nach besonders coolen Neueröffnungen, gleichzeitig gibt es aber einige kulinarische Dauerbrenner, denen man für ein gepflegtes Dinner in Wien unbedingt einen Besuch abstatten sollte. Hier folgt nur eine kleine Auswahl, und die fiel uns denkbar schwer.

Restaurant Lubin

1030 Wenn du jemanden nachhaltig beeindrucken willst, solltest du unbedingt im Lubin im Dritten reservieren. In gediegener Atmosphäre speist du ausgezeichnete dalmatinische Küche mit Zutaten, die mehrmals in der Woche frisch aus Kroatien angeliefert werden. Die Jakobsmuscheln auf getrüffeltem Kartoffelpüree werden völlig zu Recht in den höchsten Tönen gelobt. Aber auch die ganzen Fische in Salzkruste, die man sich aus der Vitrine aussucht und die direkt vor deinen Augen filetiert werden, sind ein Traum, der Fernweh weckt.

Gasthaus Woracziczky

1050 Hervorragende gutbürgerliche Küche, sehr gute Wein-Auswahl, zurückhaltend-urige Einrichtung mit modernem Anstrich, ein kleiner Schanigarten mitten im Wohngebiet von Margareten und eine handgeschriebene Speisekarte – alles Zutaten, die den Abend im Woracziczky zu einem denkwürdigen machen. Dazu kommen noch Draufgaben wie entspannte Stimmung, aufmerksamer Service und faire Preise. Gaumen, was willst du mehr?

© Foto: Pizza Randale

Pizza Randale

1020 u. a. Wenn etwas immer geht, dann ist das Pizza. Wir haben sie bereits in den unterschiedlichsten Varianten gekürt. Stellvertretend für die vielen wunderbaren Pizzerien in Wien verneigen wir uns an dieser Stelle vor der Pizza Randale, die uns mit dünnem Teig und kreativem Belag bereits so manchen Abend gerettet hat.

© Foto: Eat-Butter-First

© Foto: Ingo Pertramer

Weinschenke

1050 u. a. Anderes Gericht, ähnliches Prinzip: Auch Burger erfreuen sich einer flammenden Fanbase. So gut wie immer vorne mit dabei sind die vielfältigen Kreationen der Weinschenke. Das vor Ort faschierte Fleisch stammt entweder vom Weiderind oder vom Waldviertler Wildschwein, zwischen die frisch gebackenen Brothälften kommen aber auch Maishuhn, Beyond Meat oder gegrillte Portobello-Pilze. Auch Vegetarier*innen und Veganer*innen werden hier also definitiv glücklich – und satt!

TIAN Bistro am Spittelberg

1070 Komplett vegetarisch bis vegan und auf höchstem Niveau geht es im Restaurant TIAN in der Innenstadt und seinem Bistro am Spittelberg zu. Im Bistro kannst du übrigens samstags auch wunderbar brunchen und unter der Woche erstklassig abendessen. Die Gerichte suchst du dir entweder auf der Speisekarte aus, wie das eben so üblich ist, oder du lässt dich beim Sharing Chef's Garden von einem Best-of aus der Küche überraschen.

Cafés in Wien

*Einen Kaffeetschi haben wir immer noch getrunken. Ob im stilechten Wiener Literat*innencafé mit Häferl in der einen, Zeitungshalter in der anderen Hand, oder im hippen Third-Wave-Coffeeshop, in dem der Geruch von frisch gerösteten Bohnen durch die Vollholz-Einrichtung wabert, während der Besitzer von seinen ausgedehnten Reisen zu den Produzent*innen in Südamerika erzählt: Wir zeigen dir einige unserer liebsten Cafés zum Lesen, Lernen, Tratschen, Versumpern und, ach ja, Kaffeetrinken natürlich.*

POC – People on Caffeine

1090 Im schnuckeligen POC ist nicht nur der Third-Wave-Coffee, in allen erdenklichen Varianten zubereitet, ein echtes Highlight. Auch die Location selbst ist im besten Sinne schrullig, befindet sie sich doch in einem Seitentrakt der Alser Kirche und sogar in der ehemaligen Aufbahrungshalle. Wenn das nicht zu Wien passt wie zum Kaffee der frisch gebackene Kuchen, den man hier übrigens auch bekommt? Den schnabulierst du am besten im kleinen, verwunschenen Gastgarten.

Viola

1080 Himmlisch schmecken besonders die süßen Kaffee-Begleiter bei Viola im Achten. Kuchen, Torten, Cupcakes, vegane Köstlichkeiten, saisonale Kreationen und Dauerbrenner – Konditormeisterin Viola Bachmayr-Heyda versorgt dich mit köstlicher Patisserie in sehr stylishem Ambiente. Das Café ist übrigens auch ein heißer Tipp für ein ausgedehntes Frühstück unter der Woche, Brunch am Samstag und herzhafte Snacks zwischendurch.

© Foto: Julia Riedesser, 1000things

Café Jelinek

1060 Traditionelles Kaffeehausflair und entspannte Atmosphäre verbindet auch das legendäre Café Jelinek in der hippen Otto-Bauer-Gasse. Im Winter lockt besonders der offene Kamin, im Sommer der sonnige Schanigarten. Das ganze Jahr über gibt's Kaffee und Mehlspeisen, aber auch kleinere und größere Gerichte und sogar veganes Frühstück. Hier kann es übrigens schon mal vorkommen, dass man bekannte Gesichter aus der Wiener Kulturszene erspäht.

© Foto: Marie Amenitsch, 1000things

Café Schopenhauer

1180 Apropos typisch Wien: Da ist das Kaffeehaus nicht nur ein Ort, an dem man aufgebrühte Heißgetränke schlürft, sondern auch sinniert, liest, Karten spielt – seit Jahrzehnten trifft sich hier jeden Dienstag ein Skatclub – oder vielleicht ein Achterl trinkt, bis der Nachmittag zum Abend ausgeklungen ist. All das und noch viel mehr geht hervorragend im Café Schopenhauer, das andächtig vor der Alt-Wiener Kaffeehauskultur den Hut zieht, ohne dass dabei die Haare grau werden, und dabei in einem dicken Wälzer blättert – das Schopenhauer ist nämlich nicht nur Café, sondern auch Buchhandlung.

© Foto: Marie Amenitsch, 1000things

phil

1060 Wir lieben Kaffee und wir lieben Bücher. Das phil in der Gumpendorfer Straße vereint beides – also: lieben wir! Du kannst hier gemütlich Kaffee trinken, Spritzer süffeln oder Snacks snacken, gleichzeitig in der breiten Auswahl an Büchern von Belletristik bis Sachbuch schmökern und dir das eine oder andere – und auch so manches Möbelstück – mit nach Hause nehmen.

MEIN LIEBSTES CAFÉ:

Gastgärten in Wien

Wenn der Schani den Garten rausträgt, dann bedeutet das, dass unsere Lieblingsjahreszeit beginnt: Schanigartenzeit! Weil man in Wien vielerorts gemütlich im Grünen sitzen und den Alltag Alltag sein lassen kann, verraten wir dir ein paar unserer liebsten Schani- und Gastgärten in der Stadt.

Zur Alten Kaisermühle

1220 Was wäre ein idyllischerer Gastgarten als das Ufer der Alten Donau? Alle paar Meter findest du eine hübsche Terrasse, ein schattiges Plätzchen und eine fast schon maritime Speisekarte. Ein Klassiker ist etwa die Alte Kaisermühle ganz in der Nähe der U1-Station Alte Donau. Im Sommer steigt dir hier sofort der Geruch von Gegrilltem in die Nase, während du aufs Wasser blickst und Boote beim Vorüberziehen beobachtest. Hach!

© Foto: Jussi

Weinstube Josefstadt

1080 Im Grünen sitzen und Wein trinken, dafür muss man nicht extra an die Wiener Peripherie fahren. Dank schummrigen Gastgärten geht das auch direkt in der Stadt. Einer unserer liebsten Stadtheurigen ist die Weinstube Josefstadt, deren langgezogener Garten mit Heurigengarnituren, Lichterketten und Schmankerln vom Buffet noch ein bisschen Bodenständigkeit innerhalb des Gürtels konserviert.

Shalimar

1060 Dass die Wirtin Darija Kasalo ein Händchen für Kultlokale besitzt, hat sie bereits mit dem legendären Ungargrill bewiesen. Der Grill ist längst Geschichte, Kasalo ist in den 6. Bezirk gewechselt und bespielt dort das Shalimar mit ebenbürtig kultiger Bodenständigkeit. Herz- und Prunkstück des Lokals ist der wilde, bunte Gastgarten mit seinen Lichterketten und Lampions.

Jussi

1220 Wer an schöne Gastgärten im 22. Bezirk denkt, denkt sicher ziemlich bald auch ans Jussi. Pflanzen wuchern hier ringsum und übertünchen sogar die eher brutalistische oberirdische U-Bahn-Trasse. Definitiv ein paradiesisches Grätzel-Highlight mit sehr gutem Essen vom Frühstück bis zum Schlummertrunk.

MEIN LIEBSTER GASTGARTEN:

„Es wird a Wein sein, und wir wern nimmer sein.“

Glaubt man dem viel zitierten Wienerlied, sind Wein und ein Hauch morbider Vergänglichkeitsromantik zwei Grundpfeiler der Wiener Seele. Auf wenigstens einen davon stützen wir uns ganz fest, wenn es uns wieder einmal zum Heurigen verschlägt. Tolle Weingüter, Heurigen und Buschenschenken gibt es in Wien en masse. Wir mussten eine Auswahl treffen, um nicht versehentlich einen Mann ohne Eigenschaften (und dafür mit großem Appetit) abzuliefern.

Stammersdorf

- Heuriger Wieninger
- Weingut und Heuriger Gerhard Klager
- Weinhandwerk
- Zur Christl
- Weingarten

Döbling

- Weingut-Heuriger Alter Bach-Hengl
- Heuriger Maly
- Weingut Feuerwehr-Wagner
- Heuriger Zum Berger
- Weingut Zawodsky
- Buschenschank in Residence von Jutta Ambrositsch
- Hans und Fritz Buschenschank
- Buschenschank Fuhrgassl-Huber
- ESSE Weinbau und Buschenschank
- Der Hirt
- Wieninger am Nussberg
- Mayer am Pfarrplatz und am Nussberg
- Buschenschank Monte Noctum

Mauer

Zahel Weingut und Heuriger

Edlmoser Weingut und Heuriger

Weinbau und Heuriger Wiltschko

Fuchs-Steinklammer Weinbau und Heuriger

Buschenschank Grausenburger

Weinbau und Heuriger Weindorfer

Weingut Hofer

Stricherlliste

Grüner Veltliner:

Gemischter Satz:

Gelber Muskateller:

Spritzer:

Schnaps:

Brettljaus'n:

Schnitzerl:

Fuhrgassl-Huber © Foto: Marie Amenitsch, 1000things

Ottakring

Weinbau Herrmann

Weinbau Leitner

Gittis Heuriger

10er Marie

Heuriger Stippert

Heuriger Sissi Huber

Zur Blauen Nos'n

Kapitel 5

Für Kreative

Das ist ja alles schön und gut. Aber du willst noch mehr vom Schönen und Guten? Schönheit liegt bekanntlich im betrachtenden Auge und Vorstellungen von gutem Geschmack haben mit Ohrfeigen gemein, dass keine der anderen gleicht. Schöngeister aber, soweit unsere Theorie, besitzen die Fähigkeit, in Ambivalenzen zu schwelgen, zwischen Widersprüchen zu mäandern und das wahrhaft Schöne in den letzten Ritzen des Alltags zu entdecken. Jetzt wird's also kulturell!

DIY-Liste für zuhause

- ○ MAKRAMEE
- ○ TÖPFERN
- ○ WÄNDE UMSTREICHEN
- MOOSBILD BASTELN ○
- STICKEN ○
- FREUNDSCHAFTSBÄNDER KNÜPFEN ○

Skurrile Museen

Wir wären nicht wir, würden wir dir nur museale Dauerbrenner empfehlen. Ans Herz legen wir sie dir natürlich allemal, aber du findest die Museumsklassiker von Wien ohnehin in sämtlichen gängigen Reiseführern – und bei uns auf der Website. Hier widmen wir die nächsten Seiten ganz bewusst den schrägen Ausstellungsräumen, den skurrilen Exponaten und den unerwarteten Nischensammlungen.

© Foto: Zauberkastenmuseum

Fälschermuseum

1030 Kunstwerke bestaunen, so würde das Webster Lexikon höchstwahrscheinlich den Museumsbesuch definieren. Aber gefälschte Kunstwerke bestaunen? Das geht im Fälschermuseum, das sich ganz der Kunst der Kopie widmet. Da dürfen reißerische Kriminalgeschichten rund um die berühmtesten Kunstfälschungen nicht fehlen.

Zauberkastenmuseum

1120 Wir plaudern zur Abwechslung mal nicht aus dem Näh-, sondern aus dem Zauberkasten. In unmittelbarer Nähe vom Schloss Schönbrunn befindet sich nämlich die weltweit größte Sammlung solch magischer Exponate. Über 3.000 Stück archiviert das Museum, 200 davon kannst du dir jeden ersten Sonntag im Monat genauer anschauen. Bei speziellen Führungen werden die Zauberkästen, -koffer und -boxen sogar in Betrieb genommen.

Original Wiener Schneekugelmanufaktur

1170 Der Wiener Erwin Perzy I., der eigentlich Chirurgieinstrumente herstellte, war auf der Suche nach Kaltlicht und erfand dabei eher zufällig die Schneekugel neu. Im Museum und Shop kannst du dich selbst davon überzeugen, was so alles in eine kleine Glaskuppel hineinpasst.

Bestattungsmuseum

1110 Dass Wien eine ganz eigene Beziehung zum Tod hat, ist nichts Neues. Im Wiener Bestattungsmuseum kann man sich dem Geschäft rund ums Dahinscheiden besonders eindrücklich widmen. Es liegt direkt am Zentralfriedhof beim Zweiten Tor im Untergeschoss einer Aufbahrungshalle. Wenn dir das noch nicht morbid genug war, kannst du anschließend über den weitläufigen Zentralfriedhof spazieren.

Bestattungsmuseum © Foto: Bestattung Wien

Kinos

Film an, Alltag aus! Ob Blockbuster, ob Kunstfilm, ob B-Movie – wir sinken in unseren weichen Kinosesseln zurück und sind plötzlich auf Schatzsuche in der Karibik, auf Jagd nach dem Bösewicht in Prag oder auf LSD irgendwo im Death Valley. Weil Filmschauen in Wien an vielen großartigen Orten geht, verraten wir dir ein paar unserer liebsten Lichtspielhäuser.

Filmcasino

1050 Filme sind nicht selten kurze Zeitreisen. Im Filmcasino kannst du schon im Foyer und an der Bar damit beginnen und ordentlich Nostalgie einatmen. Über die Leinwand des Kinosaals fegen Filme in Originalsprachen mit Untertiteln, außerdem finden immer wieder auch spezielle Vorführungen, Festivals und Events statt.

Gartenbaukino

1010 Ganz ähnlich verhält es sich mit dem Gartenbaukino, das nicht nur unter Cineast*innen längst Kultstatus besitzt. Hier laufen große Premieren über die Leinwand und prominente Füße über den roten Teppich. Denn das Gartenbau ist mitunter die Hochburg der Filmfestivals in Wien, das wahrscheinlich schönste Programmkino der Stadt und darüber hinaus auch noch Bühne für Kabaretts, Lesungen und andere Events.

Schikaneder Kino © Foto: Heimo Reisenhofer Graber

Schikaneder und Top Kino

1040 & 1060 Nischig darf es gerne auch im Schikaneder werden. Das ist aber nicht nur Anlaufstelle für Indie-Filme, sondern auch Bar, Bühne, Club, Galerie und Performance-Space. Der Vielfalt steht auch das Top Kino, mit dem das Schikaneder eng verbandelt ist, in nichts nach, ergänzt sie vielleicht noch hie und da um einen ausgewählten Blockbuster.

Breitenseer Lichtspiele

1140 Deutlich kleiner, nicht minder legendär sind die Breitenseer Lichtspiele. Sie wurden bereits 1905 eröffnet und gelten damit heute als das älteste Kino Wiens. Dass man sich diesem Erbe durchaus bewusst ist, beweisen die vielen Specials wie etwa Stummfilme mit Live-Piano- oder Lyrik-Begleitung. Daneben gibt es aber natürlich auch zeitgenössische Exemplare des österreichischen und europäischen Films zu sehen.

Kino wie noch nie

1020 Auch so manches Lichtspielhaus geht in den heißen Monaten auf Sommerpause. Währenddessen übernehmen die Open-Air-Kinos die Stadt. Die Optionen sind zahlreich: vom zwischengenutzten Vierkanthof über den längst zur Kultstätte umfunktionierten Schlachthof bis hin zum Dachsims. Besonders idyllisch finden wir es im Sommer im Kino wie noch nie am Augartenspitz, wo du im Grünen sitzt, Live-Musik und Filmgesprächen lauschst und dir von Klassikern wie Neuerscheinungen den Sommerabend veredeln lässt.

DAS KINO MIT DEM COOLSTEN AMBIENTE IST:

Kino wie noch nie © Foto: Marie Amenitsch, 1000things

Baulücken-Konzerte © Foto: Alexander Galler

Konzerte

„Without music to decorate it, time is just a bunch of boring production deadlines or dates by which bills must be paid." Frank Zappa wusste genau, wovon er spricht. Wir dekorieren unsere Deadlines auch eifrig mit Besuchen in Konzertsälen, Open-Air-Bühnen und Moshpits.

Baulücken-Konzerte

Verschiedene Standorte Im Rahmen des WIR SIND WIEN. FESTIVALs, das die einzelnen Bezirke immer im Frühsommer bespielt, organisiert der Wiener Konzept- und Medienkünstler Oliver Hangl seine großartigen Baulücken-Konzerte. Die sind genau das, was sie bezeichnen: Konzerte verschiedenster Acts auf Baulücken, urbanen Leerstellen, Brachen. Definitiv ein einzigartiges Setting, und das auch noch bei freiem Eintritt.

1090

WUK

© Foto: Wolfgang-Thaler

© Foto: Arena Wien

Arena Wien

1030 Wenn wir über Legenden sprechen, kommen wir um die Arena Wien nicht herum. Ursprünglich der Inlandsschlachthof, durch die Besetzung des Auslandsschlachthofes St. Marx in den 70ern zur Ausweichoption für das neue Kulturzentrum umfunktioniert, zieht die Arena heute längst großartige Acts an. Besonders die Open-Air-Konzerte sind in Wien einzigartig.

METAStadt

1220 Auch in der METAStadt im 22. Bezirk gibt's Backsteinidylle und Vielfalt: Auf dem wiederbelebten Fabriksgelände finden nicht nur Konzerte statt, sondern auch Märkte und Raves. Mit seinen Open-Air-Konzerten angesagter Bands ist die METAStadt für uns definitiv die schönste Venue von Stadlau.

WUK

1090 Ebenfalls ein ehemaliger Zweckbau, ebenfalls zum autonomen Kulturzentrum umbesetzt, ist das WUK längst vielfältiger Artspace, Grätzeltreff und Arbeitsplatz in einem. Die Acts, die hier über die Bühne gehen, stammen aus der nationalen wie internationalen Szene, überwiegend aus dem Indie- oder Alternative-Bereich, und sind definitiv immer spannend.

Secondhand-Shops

Beim Kreativsein kann man nicht nur anderen zusehen, man kann sich natürlich auch selbst kreativ ausdrücken. Das geht auf verschiedensten Ebenen – Layering nennt man das in der Modebranche. Und damit sind wir auch schon mittendrin in unseren liebsten Secondhand-Shops und Vintage-Stores, die uns dabei helfen, unseren Style ein kleines bisschen individueller, unsere Wohnung ein kleines bisschen einzigartiger zu gestalten.

Glasfabrik

1150 Stilsicher kannst du deine Wohnung in der Glasfabrik ausstatten. Du findest Einzelstücke aus Sammlungen und Verlassenschaften, Möbel, Kunst und Krimskrams von 1680 bis 1980. Auf knapp 2.500 Quadratmetern Verkaufsfläche findest du garantiert den einen oder anderen Schatz.

Burggasse24

1070 Schmuckstücke finden wir immer wieder auch in der Burggasse24, die nicht nur Vintage-Shop, sondern auch gemütliches Café für jede Jahreszeit ist. Mode, Schuhe und Accessoires sind farblich sortiert, was für sich schon mal ein Hingucker ist.

Burggasse24 © Foto: Julia Riedesser, 1000things

48er Tandler © Foto: MA48 Houdek

48er Tandler

1050 Die Secondhand-Markthalle der MA48 versorgt uns an gleich zwei Standorten, in Margareten und in der Donaustadt, mit Vintage-Möbeln, gebrauchten Fahrrädern, Elektrogeräten, Second-hand-Mode, Büchern und vielem, vielem mehr. Natürlich werden die Stücke nicht aus dem Müll gefischt, sondern in der 48er-Tandler-Box auf den Mistplätzen separat gesammelt. Das ist nicht nur cool, sondern auch ziemlich nachhaltig!

Magic Oyster © Foto: Florian Wieser

Magic Oyster

1060 Vintage muss nicht gleichbedeutend sein mit der verklärten Verherrlichung einer eher diffusen „guten, alten Zeit". Das sieht man auch bei Magic Oyster im Sechsten so und setzt zwar auf „Vintage-Style, aber weder auf Vintage-Werte noch Vintage-Technik". Ihr könnt vor Ort und online wunderschöne Kleidung und Accessoires zweiter Hand shoppen – fündig werdet ihr garantiert.

Bananas

1050 Auf die Zeit der 1930er bis 1980er konzentriert man sich im Bananas in der Kettenbrückengasse. Genauer gesagt: auf Stühle, Tische, Kästen, Spiegel und alle möglichen Einrichtungsgegenstände. Die Beratung ist kompetent, die Auswahl jedes Mal extrem verlockend.

DIY

Wie heißt es doch so schön? Wenn du willst, dass etwas funktioniert, dann mach es selbst! Außer du bist Tim, der Heimwerkerkönig, dann solltest du lieber nach deinem persönlichen Al Borland Ausschau halten. Aber davon gehen wir jetzt mal nicht aus. Wenn dir bei all der kreativen Energie der vorangegangenen Kapitel der Schaffensdrang unter den Fingernägeln brennt, dann setz' ihn am besten schnell in die Tat um. Wir verraten dir, wie.

Fresh Ceramics © Foto: Julia Scheriau, 1000things

Töpfern bei Fresh Ceramics:

1130 Wer sich kreativ so richtig austoben will, gräbt am besten beide Hände in den nassen Ton und schmeißt die Töpferscheibe an. Tolle Töpferwerkstätten findest du in Wien – und natürlich auch bei uns auf der Website – einige. Besonders wohlgefühlt haben wir uns zum Beispiel bei Fresh Ceramics in Hietzing, wo du beim Workshop „Wine & Clay“ nicht nur munter vor dich hin töpfern, sondern dabei sogar ein Schlückchen Wein schlürfen kannst.

© Foto: Lisa Oberndorfer, 1000things

© Foto: Lisa Oberndorfer, 1000things

Action Painting bei art-o

1070 Du wolltest immer schon mal um dich werfen mit deiner Kreativität? Beim Action Painting bei art-o kannst du dich so richtig austoben. Du bekommst eine große Leinwand, Farben, Geräte und Schutzkleidung und hast drei Stunden Zeit, um mit Pinseln, Fingern, Besen oder Rollen dein eigenes Werk zu realisieren.

Blumen binden bei We Are Flowergirls

1080 Wie schön sind eigentlich Trockenblumen? Das haben sich die Flowergirls anscheinend auch gedacht und dann noch eins draufgesetzt. Denn bei We Are Flowergirls kannst du nicht nur tolle Gebinde und Sträuße erstehen, sondern sogar lernen, wie du sie selbst bastelst. Zur geballten Flowerpower gibt's auch noch Musik und Prosecco.

Einkochen in der Glashausküche

1110 Kochen kannst du in Wien in den unterschiedlichsten Stilen und Techniken lernen. Besonders Spaß gemacht hat es uns in Simmering, wo die Familie Herret nicht nur ihre Gärtnerei betreibt, sondern auch die Glashausküche. Mit besonderem Fokus auf Nachhaltigkeit und Haltbarmachung lernst du bei den Workshops unter anderem, wie du richtig einkochst, fermentierst und vorkochst.

GESCHENKIDEEN ZUM SELBERMACHEN:

- getöpferter Weinkühler
- Fotoalbum
- Seifen
- selbstgebundener Blumenkranz
- eingekochte Marmelade
- getrocknete Blumen
- personalisierte Spotify-Playlist

Glashausküche © Foto: Simon Herret

DIY-Bucketlist: Ausprobieren statt fadisieren

Kochkurse

- ○ neapolitanische Pizza backen in der Scuola Volante
- ○ Knödelseminar bei der Herknerin
- ○ einkochen in der Glashausküche
- ○ Wiener Kochkurs im Meissl & Schadn
- ○ japanisch kochen bei KŌBŌ von Mochi
- ○ Momoabend im nepalesischen Restaurant Yak + Yeti
- ○ Wild Cooking mit Wildkräutern im Weinhandwerk

Basteln

- ○ Blumenkränze binden bei We Are Flowergirls
- ○ Buchbinden im Café sous-bois
- ○ alte Möbel upcyclen im Werksalon
- ○ Kaputtes reparieren bei den Craftistas
- ○ beim Tufting Workshop im Atelier Fleck einen Teppich machen
- ○ siebdrucken lernen im Viadukt
- ○ Makramee knüpfen bei Lali von Triulzi
- ○ nähen lernen im Néon Shared Atelier
- ○ Schmuck schmieden im Atelier STOSSIMHIMMEL

MEINE LIEBSTEN WORKSHOPS:

____

____

____

Malkurse

- ○ *Drink & Draw im finnischen Café Ihana*
- ○ *Action Painting bei art-o*
- ○ *Art Nights mit verschiedenen Stilen & Motiven in Wiener Lokalen*

Töpferwerkstätten

- ○ *Fresh Ceramics*
- ○ *Rami*
- ○ *Potteria*
- ○ *WerkWerk*
- ○ *Tonhalle*

Workshops, die deinen Horizont erweitern

- ○ *Ecstatic Dance in der sexpositiven Location Schwelle Wien*
- ○ *Kakaozeremonie im Yogastudio The Wyld Thing*
- ○ *Vulva-Abdruck gießen mit Gloria Dimmel*
- ○ *Pflanzenworkshop in der City Farm im Augarten*
- ○ *Kokedama-Workshop bei Stielreich*
- ○ *Breathwork im Calm Studio*

© Illustration: Sandra Spiegl, 1000things

Kapitel 6

Für Nachteulen

Wir schlagen uns die Nächte um die Ohren, bis sie lila sind – oder waren das doch die Wolken? Wer wird nachts schon Erbsen zählen! Wenn sich die Luft schwarz färbt in Wien und über den Dächern der Himmel funkelt, fliegen die Nachteulen aus und setzen vor dem Dancefloor, auf dem Barhocker oder im Lieblingsbeisl zur etwas schwindeligen Landung an.

Dein Nachtflug durch Wien:

- The Loft
- Chelsea
- O-Klub
- Volksgarten
- Flex
- Viper Room
- Why Not
- Sass
- Jazzclub Zwe
- Pratersauna
- U4
- Loco

Fortgehen

Manche Nächte sind einfach dafür geschaffen, zum Tag gemacht zu werden. Wir lassen die Bären steppen und die Puppen tanzen, legen derart heiße Sohlen aufs Parkett, dass es keine Nebelmaschine braucht, und evakuieren den Dancefloor, weil uns der Sound mit Nightfever infiziert hat. Weil auch Fortgehen zu Wien gehört wie Cola zu Billigwhiskey, leiten wir dich umgehend an die Anlaufstellen unseres Vertrauens weiter.

Fluc

1020 Längst bekannte sowie aufstrebende Namen, heimische und internationale Acts legen im Fluc am Praterstern auf. Unten donnert der Bass über den Floor, oben im Café geht's meistens etwas gemütlicher zu. Der Bär dubsteppt hier aber so gut wie immer.

DonauTechno

1070 Fette Mucke, Visuals und Würstel – say what? Das DonauTechno liegt zwar im 7. Bezirk, aber doch etwas versteckt und zieht die kundigen Nachtfalter an wie ein Kronleuchter die Motten. Während die Beats durch den Club wabern, werden die Wände mit bunten Projektionen bespielt und du fühlst dich wie der blinde Passagier auf einem fremden LSD-Trip.

Ponyhof

1150 Das Leben ist also doch ein Ponyhof! Gleichzeitig ist der kleine, feine Club im 15. Bezirk aber auch eine lässige Bar. Regelmäßig wird der Ponyhof von coolen Events geflutet und auch hier geben sich Tonkünstler*innen aus der Techno-Szene das Soundsystem in die Hand. Außerdem herrscht eine strikte Null-Toleranz-Politik, was Diskriminierung jeglicher Art angeht.

Grelle Forelle

1090 Einfach schwimmen, schwimmen, schwimmen geht besonders gut, wenn du dabei in fette Beats eintauchst. Die servieren dir in der Grellen Forelle nationale wie internationale Acts der Techno-Szene auf ihren Turntables bei verschiedenen Eventreihen und Line-ups. Gewalt, Rassismus, Sexismus, Queerfeindlichkeit und Respektlosigkeit jeglicher Art haben hier keinen Platz – den sollten sie im Übrigen nirgends haben.

All-Time Classics

- *ABBA – Dancing Queen*
- *Liquido – Narcotic*
- *Seeed – Dickes B*
- *Rihanna – Only Girl*
- *Wir sind Helden – Denkmal*
- *Blondie – One Way Or Another*
- *The Beach Boys – Kokomo*
- *blink-182 – All The Small Things*
- *Spice Girls – Wannabe*
- *Bloodhound Gang – The Bad Touch*
- *Queen – Don't Stop Me Now*
- *Oasis – Wonderwall*
- *M.I.A. –Paper Planes*
- *No Angels – Daylight In Your Eyes*
- *The Offspring – Pretty Fly*
- *Britney Spears – Toxic*

The Chapel Bar

1150 Die Drinks in der Chapel Bar haben nichts mit Messwein zu tun, dafür ganz viel mit dem Speakeasy-Konzept. Die geheime Kapelle versteckt sich nämlich in einem anderen Lokal. Dort musst du erst einmal die stilisierte Nonne finden und tauchst dann ab in ein mixologisches Narnia. Verschiedenste kreative Cocktail-Variationen, veredelt mit einer ebenso kreativen Präsentation, machen den Besuch hier einzigartig – Ehrenwort!

© Foto: Daniel Leeb

Cocktailbars

*Fast wie die Druiden der Neuzeit brauen kundige Mixolog*innen wahre Zaubertränke. Wir wünschten uns zwar, wir wären auch einmal Kopf voran in so einen Bottich gefallen wie Obelix als Baby, würden uns danach aber wohl eher fühlen wie Obelix in „Asterix in Amerika", als er die komplette Friedenspfeife eines indigenen Stammes im Alleingang vernichtet hat. Cocktails haben es in der Regel in sich, außer sie sind Mocktails. So oder so – wir zeigen dir ein paar unserer absolut liebsten Feuerwasserstellen.*

Tür 7

1080 Dieses schummrige Juwel ist gar nicht so leicht zu finden, weil es auf Speakeasy macht. Um reinzukommen, muss man erst mal anläuten und wird dann in einer gemütlichen kleinen Bar empfangen, die wirkt, als hätte man gerade eine private Feier gecrasht. Die Drinks werden völlig auf deinen individuellen Geschmack abgestimmt. Wer davor nicht weiß, was er*sie genau will, kennt seine*ihre bevorzugte Geschmackspalette danach garantiert.

© Foto: The Sign Lounge

The Sign Lounge

1090 Die bereits mehrfach ausgezeichnete Bar im Neunten glänzt durch großartigen Service und eine extrem kreative Getränkekarte. Denn die Cocktails kommen hier nicht im schnöden Wasserglas zu euch an den Tisch, sondern mitunter in sehr ausgefallenen Deko-Elementen. Ab und zu wechselt die Karte, langweilig wird es in der Sign Lounge aber sowieso nie.

© Foto: Mila Zytka

Moby Dick

1070 Im stilvollen Moby Dick gibt's nicht nur fantastische Drinks, kompetente Beratung und eine individuelle Note bei jedem Schluck, sondern auch tolle Speisen, die perfekt zu deinen Cocktails passen. Außerdem widmet man sich der Nachhaltigkeit mit Upcycling, Müllvermeidung und möglichst niedrigem Wasser- und Stromverbrauch. Ganz nach dem Motto: „No waste, just taste."

Party Bingo	ASPIRIN VORM SCHLAFEN-GEHEN	NACHT DURCH-MACHEN	ZU HART VORGLÜHEN	SONG WÜNSCHEN
ANGESCHÜT-TET WERDEN	JEMAND GEHT VERLOREN	DEM EX-GSPUSI BEGEGNEN	JEMANDEN AM KLO KEN-NENLERNEN	VERZWEIFELT DAS UBER SUCHEN

Wiener Institutionen

Es gibt Legenden, und es gibt Legenden. Die Wiener Lokallandschaft ist zu einem wesentlichen Anteil von solchen Legenden geprägt, die mitunter schon lange vor uns da waren und hoffentlich auch lange nach uns die Stellung halten werden. Nenne man sie nun Stammbar, Beisl, Lieblingskneipe oder Szene-Lokal – ein paar unserer liebsten Wohlfühltschocherln geben wir dir mit auf den Weg.

Prosecco Bar

1070 Prosecco Bars findest du in Wien – und bei uns auf der Website – viele, stellvertretend sei hier die Prosecco Bar genannt. Ja, die Prosecco Bar, der OG unter den Sprudelbuden. Die Theke ist golden, der Prosecco vom Fass und bestellen kannst du ihn auch gleich in Karaffen von bis zu einem Liter. Als Unterlage zwischendurch gibt's Käsetoast. Aber hier kommt man definitiv nicht wegen des Essens her.

Schmauswaberl

1060 Ein Tschocherl, wie es im vergilbten Buche steht, ist das Schmauswaberl am Naschmarkt, das fast schon so etwas wie eine eigene Fanbase besitzt. Was von außen vielleicht aussieht wie die Mythengestalt „Café Bauchstich", birgt in seinem Inneren urbanes Publikum, Kreative wie Verwirrte, Verirrte wie längst Angekommene und traut sich dabei trotzdem, lässig abgefuckt zu sein, ohne die Wurstigkeit zum Stilpunkt hochzujazzen.

Dezentral

1020 „Des Dezentral hot meistens offen", singt der Nino aus Wien in seinem Praterlied und besiegelt damit ein für allemal den Kultstatus der Herzenstschumsn im Zweiten. So eine Legendenauszeichnung ist erst dann was wert, wenn sie hart verdiente Patina hat. Die hat sie im Dezentral definitiv, wo man es sich bisweilen so gemütlich machen kann, dass man fast selbst ein wenig Patina ansetzt.

Malipop

1030 Das Malipop in der Ungargasse muss man kennen, um es zu finden. Hier laufen tatsächlich echte Vinylplatten, die vom exquisiten Musikgeschmack der Betreiberin zeugen, die die heilige Dreifaltigkeit aus Servicekraft, DJane und Barkeeperin verkörpert. Die Wände sind mit Plakaten und Bildern tapeziert, die Stimmung ist schummrig bis surreal. Im besten Sinne.

Café Rüdigerhof

1050 Im Rüdigerhof im Fünften kann es durchaus sein, dass man dem einen oder anderen bekannten Gesicht aus der Wiener Kulturszene über den Weg läuft. Nicht nur die trifft sich hier nämlich gerne, sitzt im großen, schattigen Gastgarten bei Bier und Spritzwein oder genießt eines der besten Schnitzel der Stadt.

Café Rüdigerhof © Foto: Philipp Wieser

Würstelstandeln

Welches standesgemäßere Ende für eine durchfeierte Nacht in Wien gibt es, als einen Boxenstopp beim Würstelstand einzulegen? Vom alteingesessenen Würstler bis zum Premium-Imbiss kannst du in Wien die unendliche Wurstigkeit des Seins zelebrieren. Wir verraten dir unsere persönlichen Burenheidllights.

© Foto: Clara Amenitsch

Würstelstand LEO

1190 Seit 1928 kannst du dir beim LEO in Döbling Heißes und Fettiges holen. Damit gilt er übrigens als ältester Würstler von Wien. Dass er Klassiker wie Frankfurter, Käsekrainer und Debreziner auf der Karte hat, ist also ein Muss. Aber auch ausgefallene Hot-Dog-Kreationen und vegetarische sowie vegane Optionen stehen auf der umfangreichen Speisekarte.

Wiener Würstelstand

1080 u. a. Eine breite Auswahl an fleischlosen Würsten findest du auch beim Wiener Würstelstand, der inzwischen mit zwei Standorten in Wien vertreten ist. Fleischlose Wurst, ist das nicht ein Paradoxon? Nein, denn die vegane Bosna besteht hier etwa aus Austernpilzbrät. Ob mit oder ohne Fleisch, jedenfalls ist hier alles regional, hochwertig und bio.

Wiener Würstelstand © Foto: Helen Vaaks

Alles Wurscht

1010 u. a. High Quality, darauf setzt man auch bei Alles Wurscht, mittlerweile auch an zwei Standorten in Wien. „Würstelstand, but make it Luxus", könnte das Motto lauten, mit Köstlichkeiten wie Calamari fritti, Wildschweinleberkäse und Trüffelpommes. Zum Runterspülen gibt's neben Bier auch ausgezeichnete Weine und sogar Champagner. Die Würstel kommen von regionalen Fleischereien, das Gebäck von Öfferl und die Gerichte aus der Feder von Haubenkoch und Betreiber Sebastian Neuschler.

Eh scho wuascht

1110 Mit Mitte 20 ist Patricia Pölzl die höchstwahrscheinlich jüngste Würstelstandlerin in Wien. Sie betreibt ihren Stand direkt vor dem 2. Tor vom Zentralfriedhof. Die Würste stammen aus einer Fleischerei in Niederösterreich und schmecken ausgezeichnet. Auch das vegane Seitan-Bratwürstel steht seinen tierischen Kollegen in nichts nach. Neben dem Standl, das mit seinen grafischen Designs an sich schon ein Hingucker ist, gibt's auch einen klitzekleinen Schanigarten.

Spiel, Satz und Kugelchaos:

Treffsicherheit in Wien

Wuzzeln:

- ○ CAFÉ MORGENSTERN
- ○ ARENA BEISL
- ○ MAREA ALTA
- ○ POLKADOT
- ○ WIRR IN DER BURGGASSE

Darts:

- ○ CROWN AND SWORD
- ○ RUPPS
- ○ LAUREL LEAF
- ○ KÄUZCHEN
- ○ JETZT BAR
- ○ CAFÉ ANNO

Kegeln:

- ○ CAFÉ WEIDINGER
- ○ LIULIU
- ○ 575 SAGMEISTER
- ○ CHRIST 42

Ohne diese Dinge geh ich nicht feiern:

Billard-Bingo

CAFÉ KRIEMHILD	THE LIZARD PUB	DOWNSTAIRS	CAFÉ WEIN-GARTNER
NUTS	CAFÉ SPERL	LAUREL LEAF	KÖÖ

MEIN SCHÖNSTES NACHTEULEN-ERLEBNIS:

Traust di nie - die Wien-Edition

einen Káffe bestellen	etwas „lecker" finden und das auch laut sagen	auf der Rolltreppe links stehen	die zweite Kassa einfordern
beim Heurigen ein Krügerl trinken	Wiener Schnitzel vom Schwein bestellen	roten Spritzer trinken	beim Billa am Praterstern sonntags einkaufen gehen
Billigcocktails im Loco trinken	das Servicepersonal anschnipsen	Selfie mit einem Mozart-Double machen	in Hütteldorf violett tragen
in Favoriten grün tragen	im Donaukanal schwimmen gehen	im Westen Österreichs laut von der Bergtour in Wien schwärmen	____________ ____________

Kapitel 7

Für die Bezirkstour

Wien teilt sich in 23 Bezirke und die wiederum in unzählige Grätzeln. Die sollte man sich eigentlich in aller Ruhe mal ganz genau anschauen. Und weil Hätti-Waris nichts bringen außer Kummer, machen wir den Konjunktiv zum Imperativ: Schnür schon mal deine Wanderschuhe fester, nimm etwas Hunger und viel Gusto mit und strawanze mit uns durch die Bezirke von Innenstadt bis Stadtrand, von Partykeller bis Kellergasse.

MEIN LIEBLINGSBEZIRK:

Innere Stadt 1010

Wäre der 1. Bezirk ein Gericht, wäre er das Beef-Tatar-Frühstück im Café Frauenhuber, das du dir zum Geburtstag gönnst, weil Alter irgendwie relativ wird, wenn man im ältesten Kaffeehaus Wiens sitzt.

In der verwinkelten Kleeblattgasse entdeckst du das *Kolar* und seine Fladenbrote und ganz allgemein die Innenstadt abseits des Turbotourismus. Wobei manche Trampelpfade nicht ohne Grund ausgetreten sind: Wie der herrlich pittoreske Franziskanerplatz, der trotz großer Beliebtheit immer eine gewisse Morgenruhe ausstrahlt. Du machst es dir im Schanigarten vom *Kleinen Café* gemütlich, schaust dem Brunnen beim Plätschern zu und fühlst dich ein bisschen wie Ethan Hawke oder Julie Delpy in „Before Sunrise". Für eine große Portion Action biegst du in die Himmelpfortgasse und zu *First Escape* ab, nur um dich in verschiedenen Escape-Room-Varianten wieder ins Freie zu rätseln.

Outdoor verknotet die Augmented-Reality-Tour von *ArchäoNOW* deine Hirnwindungen, unter anderem im verwinkelten Blutgassenviertel. Du linst verstohlen in einen Pawlatschenhof und vergisst kurz, dass ringsum der

© Foto: Ines Futterknecht

Noch mehr erleben in:

Innere Stadt

- ◯ *SiL*
- ◯ *Bio Café Blütezeit*
- ◯ *Dialog im Dunkeln*
- ◯ *Haus der Geschichte*
- ◯ *Palmen- und Schmetterlinghaus*
- ◯ *Theater in der Drachengasse*
- ◯ *PAULA Fine Jewellery*
- ◯ *Miznon*
- ◯ *Café Korb*
- ◯ *Jüdisches Museum*

Alltag durch die Straßen prescht. Rund um die *Alte Universität* kannst du ehrlich nachvollziehen, warum sich der Basilisk in seinem Brunnen vor dem Heiligenkreuzerhof so wohlgefühlt hat. In der Schönlaterngasse checkst du, was musikalisch oder literarisch in der *Alten Schmiede* auf dem Programm steht. Zwischendurch malträtierst du im *Sura* beim koreanischen BBQ den Tischgrill und inhalierst im *Parémi* eines der besten Croissants der Stadt.

Nachts breitest du im *Cabaret Fledermaus* deine Flügel aus, tauchst im berüchtigten Bermudadreieck unter und im *Schweden Espresso* für ein letztes Fluchtachterl wieder auf. In der *Eden Bar* sitzt du, anders als in Qualtingers bissigem Schmählied, nicht zum Reden, sondern hauptsächlich zum Schauen. Und am trendigen *Badeschiff* köpfelst du vor deinem ersten Drink noch schnell ins konstant kühle Schwimmbecken.

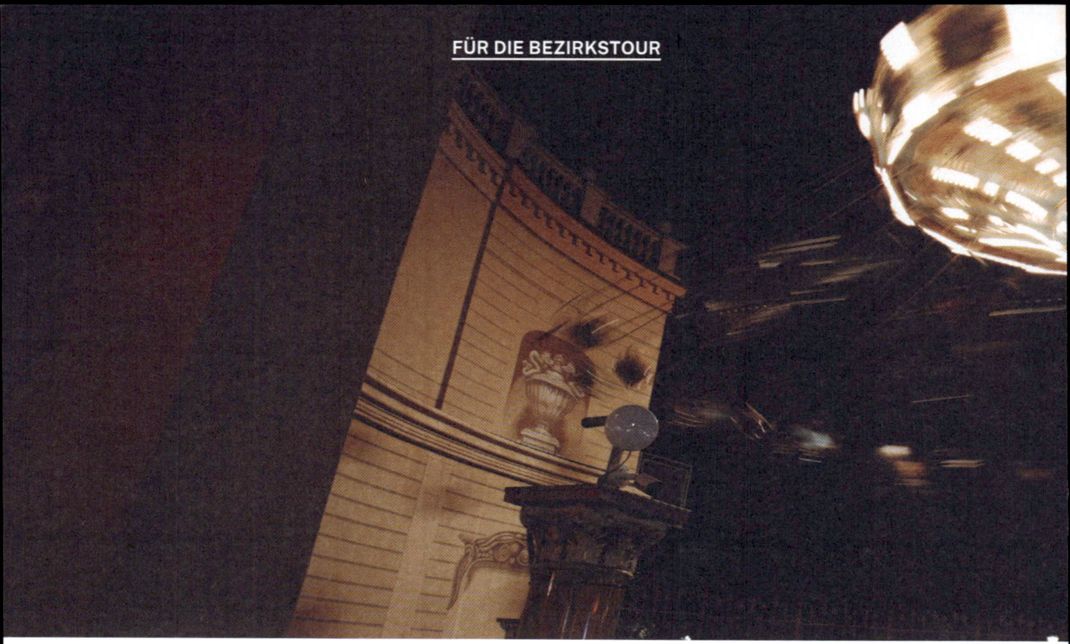

Leopoldstadt — 1020

Wäre der 2. Bezirk ein Accessoire, wäre er der leicht abgegriffene Teddybär im Schlüsselanhänger-Format, der vor Jahren beim Dosenschießen im Wurstelprater dein Trostpreis war und mittlerweile zur Brosche upgecycelt wurde.

Bodenständig und dabei dennoch – oder gerade deshalb – kultig gibt sich das Stuwerviertel zwischen Vorgartenmarkt und Mexikokirche. Im *Stuwer* schmaust du neue Wiener Beisl-Küche auf höchstem Niveau, lässt im *fritz von stuwer* die 70er bei Jazz und Gin hochleben und trinkst abschließend im *Dezentral* einen „das ist jetzt aber wirklich der letzte" vorvorletzten Spritzer. Deutlich herausgeputzter, weil auch deutlich jünger, kommt das Nordbahn-viertel daher. Rund um die Bruno-Marek-Allee gibt's Eis von *Leones*, Bücher von *o*books* und sogar noch ein bisserl Gstettn von früher.

Am *Karmelitermarkt* lässt du dich vom emsigen Markttreiben anstecken und dich schließlich zum Frühstücken im süßen *cafemima* nieder. Im *Tachles* isst du großartige Pierogi und spendest eine weitere Mahlzeit für jemanden, der sich den Lokalbesuch sonst nicht leisten kann. Ein paar Minuten entfernt

© Foto: Ines Futterknecht

fällt dir in der Praterstraße die Entscheidung schwer zwischen den Schanigärten vom *Ramasuri*, vom *Goldenen Papagei* und dem *Café Ansari*.

Und dann ist da natürlich noch der wunderschöne *Augarten*, der aussieht wie ein Standbild aus einem Rosamunde-Pilcher-Film, wäre da nicht der monströse Flakturm, der mahnend über ihm aufragt. Im Sommer gibt es hier Outdoor-Kino, Outdoor-Yoga und generell Outdoor-Alles. Noch größer und noch grüner ist nur der *Wiener Prater*, in dem du dich zwischen *Jesuitenwiese* und *Friedenspagode* fast verlaufen hättest.

Noch mehr erleben in der:

Leopoldstadt

- ◯ *Café Fett + Zucker*
- ◯ *Koberantinnen*
- ◯ *Monte Ofelio*
- ◯ *Odeontheater*
- ◯ *Hotel ZOKU*
- ◯ *Madai Aperitivobeisl*
- ◯ *Planetarium Wien*
- ◯ *Stadionbad*
- ◯ *brösl*
- ◯ *Fischerie*

Landstraße 1030

Wäre der 3. Bezirk ein Geschenk, wäre er die Tickets für die Ernst-Molden-Combo im Theater im Park, die du deiner Familie bereits zu Weihnachten versprochen hast, obwohl das Programm noch gar nicht feststeht.

Zwischen Schwarzenbergplatz und St. Marx schiebt sich die Stadt langsam in Richtung Rand, aber eben nur langsam – looking at you, 71er Bim. In der *Arena Wien* bekommst du beim Open-Air-Konzert einen Flashback an deine Jugend, als du und die anderen Emos am Hörsturz zu „Mister Brightside" ausgerastet seid. Weiter stadteinwärts lässt du deine Kindheit wieder aufleben, wenn du am *Wiener Eislaufverein* im Sommer zur Abwechslung mal auf Roll- statt auf Schlittschuhen peinlich berührt bist. Das bunte Herz des Bezirks ist aber zweifelsohne das Weißgerberviertel, in dem du am liebsten eine ganze Woche verbringen würdest. Du frühstückst im *Café Menta* und genießt den noch ruhigen Radetzkyplatz, besuchst *Fälschermuseum*, *Hundertwasserhaus* und *Kunsthaus Wien* – und vor allem seinen schattigen, idyllischen Innenhof –, strawanzt über den *Rochusmarkt* und unter den bunten Schirmen im *Sünnhof* durch und gehst schließlich auf ein gediegenes Glaserl Wein ins

© Foto: Ines Futterknecht

Heunisch & Erben, bevor du in der Strandbar Herrmann die Sonne hinter der Urania untergehen siehst.

In der Ungargasse lebten Bachmann und Beethoven, im Malipop hätten sie sich sicher angefreundet – und dann im Viper Room wieder zerstritten. Der Dritte bietet jede Menge der Orte, die wir so gerne Kleinode nennen, weil wir sie nicht wirklich in Worte fassen können: das versteckte Lucullus mit seinem paradiesischen Gastgarten, das Moped mit seinem gemütlichen Sixties-Beisl-Flair oder das Rabenhof Theater, das selbstbewusst und juchzend nun wirklich für sich selbst sprechen kann.

Noch mehr erleben in der:

Landstraße

- ◯ JUJU Korean Café
- ◯ Wiener Konzerthaus
- ◯ St. Marxer Friedhof
- ◯ Belvedere 21
- ◯ Wiener Seife
- ◯ Warenhandlung
- ◯ Tonhalle
- ◯ konzept:greissler
- ◯ Habibi & Hawara
- ◯ Elvira's

Wieden 1040

Wäre der 4. Bezirk eine Sitzgelegenheit, wäre er die Stufen vor der Karlskirche, auf denen du dich während des Popfests eigentlich nur kurz niederlassen wolltest, um dann erst recht den letzten Act fast zu verpassen.

Einst klapperten im Gebiet des heutigen 4. Bezirks die Mühlen. Von der Bärenmühle zeugt heute noch ein Relief am Beginn der Operngasse: Ihren Namen verdankt sie angeblich einem Bären, der den hiesigen Müller angegriffen haben soll. Ihre Kollegin, die *Heumühle*, steht heute noch.

Zwischen Wiedner Hauptstraße und Naschmarkt spannt sich das Freihausviertel auf. Früher lag hier mit dem Freihaus das seinerzeit größte Zinshaus der Stadt, eine Art Alterlaa des 18. Jahrhunderts mit eigenen Geschäften, Beisln und sogar einem Theater, in dem Mozarts „Zauberflöte" unter Emanuel Schikaneder uraufgeführt wurde. An ihn erinnert heute das *Schikaneder*, das Underground-Club, Bar, Bühne und Kino in einem ist.

Ob das *Café Anzengruber* den österreichischen Schriftsteller als Namenspatron hat, davon kannst du nur ausgehen. Legendär ist es allemal, immerhin ist es

© Foto: Ines Futterknecht

die klassische Hybridgestalt, die sich in Wien hinter einem „Café“ oft verbirgt: eine Mischung aus Restaurant, Bar, Beisl und, ach ja, Kaffee gibt es natürlich auch. Im Anzengruber entwickelst du aber vor allem für Gulasch und Schnitzel fast schon romantische Gefühle und ertränkst sie in kroatischem Graševina.

Du brunchst im *Zweitbester*, plauschst in der *Vollpension*, bildest dich bei der *Herknerin* in Sachen Knödel oder bei *Alt Wien Kaffee* in Sachen Barista-Kunst weiter. Aber auch außerhalb des Grätzels findest du mehr oder weniger versteckte Juwelen – mehr: *das Lokal im Hof* in der ehemaligen Alpenmilchzentrale, das dich mit gehobener Küche in einzigartiger Umgebung versorgt. Weniger: der *Naschmarkt*, der zwar längst kein Geheimtipp mehr, aber allemal sehenswürdig ist.

Noch mehr erleben auf der:

Wieden

- ○ Café Goldegg
- ○ Ukiyo Café Bistro
- ○ Carl Ludwig Café
- ○ Theater Akzent
- ○ QWien
- ○ Kunsthalle Wien
- ○ Buchhandlung Anna Jeller
- ○ Aromat
- ○ ZIRP
- ○ Das Gugg

Margareten 1050

Wäre der 5. Bezirk eine Tageszeit, wäre er 17 Uhr an einem sonnigen Samstag im Gastgarten vom Rüdigerhof, als du nach dem Schnitzel überlegst, ob es noch früh genug für eine Melange oder schon spät genug für einen Spritzer ist.

Der Fünfte ist trendig, ohne einem die Trendigkeit aufs Aug' zu drücken. Du schlenderst auf der Margaretenstraße entlang, die gut und gerne als Hauptstraße des Bezirks gelten kann. Cafés reihen sich an Restaurants, Szenebars und Boutiquen, deren Schaufenster deine innere Carrie Bradshaw triggern. Im *Propeller* startest oder beendest du deinen Tag, im *Filmcasino* fällt dir die Wahl zwischen Blockbuster und Arthouse-Avantgarde schwer, und im *Schlossquadrat* sitzt du im lauschigen Innenhof bei einem der Lokale und fragst dich, wer eigentlich im *Margaretenhof* gegenüber wohnt, der aussieht, als hätte man ihn aus dem Londoner Speckgürtel gefladert.

Aber auch die Schönbrunner Straße steht dem in nichts nach. Im *WerkzeugH* triffst du das Grätzel samt Anhang im wilden Gastgarten, im *Vietnam Bistro* holst du dir wirklich gute vietnamesische Küche und in *Gregors Konditorei* die Nochspeis'. Weiter weg vom Schuss

findest du das *Gasthaus Woracziczky*, dessen Name vielleicht nicht leicht auszusprechen, dessen Küche aber umso schwerer zu vergessen ist. Und nur eine Seitengasse von der Schönbrunner Straße entfernt ziehst du auf der *Wientalterrasse* laue Sommerabende in die Länge.

Deinen Schlummertrunk nimmst du in der wunderbar schummrigen *Bar Tabacchi* oder der paradoxerweise tapetenlosen *Tapete*, der auch Literatin Friederike Mayröcker sehr zugetan war. Danach haust dich entweder in die Hapfen oder gehst erst so richtig am Ziaga und tanzt dir im *Celeste* die Füße träge.

Noch mehr erleben in:

Margareten

- ○ *neunerhaus Café*
- ○ *Budapest Bistro*
- ○ *Marin Espressobar*
- ○ *Blockfabrik*
- ○ *Heimweh Wien*
- ○ *Carla Wien*
- ○ *Thell*
- ○ *Restaurant ON*
- ○ *ROPP*
- ○ *XO Grill*

Mariahilf — 1060

Wäre der 6. Bezirk eine Anekdote, wäre er die Jugendsünde, die du beim Tagebuch Slam im TAG aus deinem alten Tagebuch vorträgst, während deine Mutter im Publikum sitzt.

In Mariahilf ist immer und überall was los. Am meisten wurlt's auf der Mariahilfer Straße, die eine einzige Shoppingtour zwischen 6. und 7. Bezirk fräst. Aber auch in ihren Seitengassen Richtung Wienfluss findest du Szene-Treffpunkte, coole Geschäfte, Kultur von *Stadtsaal* bis *Theater an der Wien* und pittoreskes Gasselwerk wie rund um die *Fillgraderstiege*. Nur einen Kieselsteinwurf von ihr entfernt machst du es dir erst mal im *Monami* auf den Biedermeier-Sofas gemütlich, bestellst dann in der *drogerie* sehr guten Prosecco in der Karaffe und bereust am Ende des Abends nichts außer den einen Gurken-Spritzer zu viel im *Stehbeisl*.

Oder du lässt dich etwas weiter oben von der Otto-Bauer-Gasse durch das Flimmern des urbanen Lebens spülen, bis du auf der Gumpendorfer Straße aufläufst, der Hauptschlagader des Bezirks. In der Boutique *wow.* lässt du dich sorgfältig beraten, bei *Brass Monkey* stopfst du dich mit köstlichen

© Foto: Ines Futterknecht

Cupcakes voll, probierst im *MaBelle* die Schnecken oder im *ShanghaiTan* die Gyozas unter roten Laternen. Nebenan schüttelst du im Keller vom *Ra'mien* zu Hip Hop, was deine Eltern dir genetisch vererbt haben, und schaust schließlich im *Top Kino* auf einen Film oder Drink vorbei.

Erst mal durchatmen im Hamam vom *Aux Gazelles*, bevor du in Richtung Linke Wienzeile weiterschlenderst. Dort fotografierst du das *Majolikahaus* mit den charakteristischen Fliesen, die es Otto Wagner höchstpersönlich zu verdanken hat, und dich und die Gang in den Spiegeln des queeren Safer Space *Café Savoy*, die nach jenen in Versailles die größten in ganz Europa sein sollen.

Noch mehr erleben in:

Mariahilf

- ○ *Gartencafé*
- ○ *Buchhandlung Analog*
- ○ *Gaming Museum*
- ○ *Liebenswert*
- ○ *Villa Vida*
- ○ *Süsswasser*
- ○ *Bruder*
- ○ *Chez Bernard*
- ○ *Felixx Bar*
- ○ *Tanzcafé Jenseits*

Neubau 1070

Wäre der 7. Bezirk eine Kamera, wäre er die alte Leica, die du beim Neubaugassenflohmarkt gefunden hast und aus der du beim nächsten DIY-Workshop einen Blumentopf entwickeln wirst.

In Neubau sind die Stores nicht einfach Stores, sondern Concept-Stores wie die *Burggasse 24* oder das Pflanzengeschäft *Calienna*. Die Bars sind nicht einfach Bars, sondern Speakeasy-Bars wie das *Fitzcarraldo*, das sich in der Neubaugasse hinter einem Getränkeautomaten versteckt.

Auf der Westbahnstraße schlenderst du vom Gürtel stadteinwärts und machst einen Abstecher in die Galerie *WestLicht*, um in die Welt der Fotografie einzutauchen. Weiter unten übernimmt irgendwann die Siebensterngasse, die dich dem *Kosmos Theater* und seinen feministischen Inszenierungen zuführt.

Am Ulrichsplatz brunchst du bei *Erich* oder *Ulrich*, hamsterst viel zu viele unglaublich hübsche Büroartikel im *sous bois* und findest einzigartige Schmuckstücke bei *Rosa Marlene* in der Neustiftgasse, staubst Kunstdrucke samt Vintage-Rahmen bei *Handdruck* in der Burggasse ab, schlürfst fantastische

© Foto: Ines Futterknecht

Cocktails im *Moby Dick* am Augustinplatz und trinkst etwas zu viel Prosecco vom Fass aus der Karaffe in der *Erdgeschoss Bar* in der Schottenfeldgasse.

Am wie hingemalten Spittelberg verläufst du dich beinahe in den engen Kopfsteinpflaster-Gässchen und landest schließlich entweder im Pawlatschenhof des *Amerlingbeisls* bei einem Spritzer oder im *Theater am Spittelberg* bei einem Live-Konzert – oder beides!

Noch mehr erleben in:

Neubau

- ○ *Bäckerei Schwarzbrot*
- ○ *Adlerhof*
- ○ *Studio Nin Prantner*
- ○ *all about period*
- ○ *Dschungel Wien*
- ○ *Gelateria La Romana*
- ○ *Berliner Döner*
- ○ *Hotel am Brillantengrund*
- ○ *Durchhaus*
- ○ *Toma tu Tiempo*

Im Winter drängelst du dich genervt durch den *Weihnachtsmarkt am Spittelberg* und weißt schon jetzt, dass du das nächstes Jahr wieder ganz genauso machen wirst.

Im Sommer chillst du im *MuseumsQuartier* in den bunten Enzis oder – ganz am anderen Ende des Bezirks – beim *Open-Air-Kino* auf dem Dach der Hauptbücherei mit Blick über die Stadt.

Josefstadt 1080

Wäre der 8. Bezirk ein Urlaub, wäre er der Städtetrip nach Paris, an den du dich jedes Mal erinnerst, wenn du im Café der Provinz Schoko-Bananen-Crêpes isst.

Flächenmäßig ist die Josefstadt zwar der kleinste Bezirk von Wien, aber was sich hier abspielt, ist nicht minder großartig! Im Volkskundemuseum ist zum Beispiel immer etwas los, und wenn nicht, machst du es dir im dazugehörigen *Hildebrandt Café* auf alten Schulmöbeln vom Lycée Français gemütlich oder machst es wie das *dotdotdot Kurzfilmfestival* im Sommer und breitest dich im Garten aus.

Im Innenhof-Gastgarten der *Weinstube Josefstadt* fühlst du dich wie die Figur in einem Roman, der von einem Wien schwärmt, das etwas zu idyllisch ist, um realistisch zu sein. Hier stimmt einfach alles: der Wein, die Lichterketten, das wilde Grün auf den Hauswänden und das Heurigenbuffet mit Selbstbedienung. Aber auch das *Treu am Platzl* oder das alteingesessene *Prinz Ferdinand* am Bennoplatz bespielen Gastgärten, die auch Aquarelle sein könnten.

© Foto: Ines Futterknecht

Fürs Dessert geht's dann ins schnuckelige *Café Délice* für das wahrscheinlich beste Pistaziencroissant in Wien. Überlässt du das mit dem Magenschließen lieber dem Käse, pilgerst du ins Schlaraffenland für Lactose-Fans zu *Jumi Käse* in der Lange Gasse und hoffst, dass es die Raclette-Semmel gibt.

Im *Tunnel* in der Florianigasse oder im *Chelsea* in den Stadtbahnbögen zeigt sich der Achte von seiner wilderen, lauteren Seite bei verschiedenen Live-Konzerten oder – im Fall vom Chelsea – dem großartigen Indie-Clubbing.

Noch mehr erleben in der:

Josefstadt

- ○ *Café Eiles*
- ○ *Café Benno*
- ○ *Cupcakes Vienna*
- ○ *Theater in der Josefstadt*
- ○ *Wiener Schuhmuseum*
- ○ *Brot und Spiele*
- ○ *Restaurant Pars*
- ○ *Via Toledo*
- ○ *Mamamon Thai Eatery*
- ○ *Sip Song Bar*

Alsergrund — 1090

Wäre der 9. Bezirk eine Pflanze, wäre er der wilde Wein, der die Backsteinwände vom WUK überwuchert und den du dir hier beim Jungpflanzenmarkt für den Balkon gekauft hast.

Im Neunten heftest du dich an die Fersen großer Persönlichkeiten wie Franz Schubert im beschaulichen Schubertviertel rund um sein *Geburtshaus*, wo dir der Innenhof die Kinnlade aushebelt. Um das zu verdauen, setzt du dich in den Schanigarten vom *Highlander* am Sobieskiplatz und willst unter den alten Platanen gar nicht mehr aufstehen.

Nicht das Geburtshaus Freuds, aber immerhin der Psychoanalyse findest du in der Berggasse 19, in der heute das *Sigmund Freud Museum* angesiedelt ist. Im ruhigen *Café Freud* nebenan stärkst du dich und schlägst gleich dein Homeoffice auf. Auf der fotogenen, dank Doderers Roman zum Emblem aufgestiegenen *Strudlhofstiege* musst du natürlich ein Selfie für die Familien-WhatsApp-Gruppe machen und streifst danach durch den *Liechtensteinpark*. Im Winter gibt's hier einen besonders nostalgischen Weihnachtsmarkt, genauso wie im *Alten AKH*.

© Foto: Ines Futterknecht

Noch mehr erleben am:

Alsergrund

- ○ *La Mercerie*
- ○ *krypt Bar*
- ○ *Narrenturm*
- ○ *Schauspielhaus*
- ○ *MAST Weinbistro*
- ○ *Buchhandlung Löwenherz*
- ○ *VotivKino*
- ○ *Zweigstelle*
- ○ *Suppenwirtschaft*
- ○ *VinziRast-Lokal mittendrin*

Im Sommer hüpfst du auf der *Summerstage am Donaukanal* von Restaurant zu Restaurant zu Kulturevent und wünschst dir, dass es niemals herbstelt.

Den romantischsten Spot im Bezirk und vielleicht sogar in ganz Wien beansprucht das *Servitenviertel* für sich, dessen Kopfsteinpflaster-Charme von Restaurants und Bäckereien gesäumt ist. In der *La Pasteria* probierst du das hervorragende Vitello Tonnato und in der *Bäckerei Bürger* die möglicherweise besten Krapfen der Stadt. Das Gedenksymbol *„Schlüssel gegen das Vergessen“* erinnert übrigens an jüdische Bewohner*innen der Servitengasse, die während der NS-Zeit ermordet und vertrieben wurden. Im *Arne-Karlsson-Park* tauchst du bei einer Führung durch einen Luftschutzbunker aus dem Zweiten Weltkrieg noch tiefer in die Geschichte ein.

Favoriten — 1100

Wäre der 10. Bezirk ein Ringelspiel, wäre er das Karussell mit den weißen Holzpferden im Böhmischen Prater, das als Europas ältestes Ringelspiel gilt und trotzdem nie so gut besucht ist wie das Autodrom schräg vis-à-vis.

Gerade beobachtest du noch durchs Schaufenster der *Groissböck* Zentrale, wie die Krapfen gefüllt werden, da stehst du auch schon am Ufer des *Wienerberg-Teichs* und riechst frisch gemähtes Gras. Oder du stapfst am *Laaer Berg* durch den wilden Wald und stehst plötzlich auf der wirbelnden Vergnügungsmeile, die sich *Böhmischer Prater* nennt.

Weiter hinten breitet sich die Hundezone *Löwygrube* aus, in der du einen herrlichen Blick auf Wien und besonders bei Sonnenaufgang deine selige Ruhe hast. Weiter stadtauswärts stehst du entweder im *Kurpark Oberlaa* oder in den Oberlaaer Feldern, wo übrigens das gebundene Suppengrün erfunden wurde.

Entlang des Liesingbachs glaubst du schon gar nicht mehr, dass das noch Wien ist. Du kehrst beim *Brückenwirt*

© Foto: Ines Futterknecht

Noch mehr erleben in:

Favoriten

- ◯ *Café Windstill*
- ◯ *Tichy*
- ◯ *Amalienbad*
- ◯ *Wasserturm*
- ◯ *Tauschboutique Cambio*
- ◯ *Grabmalhain im Waldmüllerpark*
- ◯ *Ferhat Döner*
- ◯ *Pause am Berg*
- ◯ *Aurora Rooftop Bar*
- ◯ *Meixners Gastwirtschaft*

oder in der überwucherten *Gartenschank im Alten Stadl* ein und landest schließlich in Rothneusiedl. Hier bleibst du prompt bei der *Schneckenmanufaktur Gugumuck* picken und im Sommer am besten in ihrer Gartenbar mitten auf dem Feld. Vielleicht hast du auch Glück und im zwischengenutzten *Zukunftshof* nebenan findet gerade ein Live-Konzert, Rave oder Markt statt.

Im Bezirksteil, den man „die Kreta" nennt, staunst du über die alte *Brotfabrik*, die trotz zweitem Frühling als Kulturareal nur wenig an historischem Backstein-Charme eingebüßt hat. Im ehemals besetzten *ErnstKirchweger-Haus (EKH)*, Zentrum der autonomen Szene in Wien, gehst du auf Underground-Konzerte, besuchst Workshops, informierst und engagierst dich. Und im Sonnwendviertel schlürfst du Third-Wave-Kaffee im *Café Cyclist*, isst ausgerechnet im *Feldhasen* vegetarisch oder frühstückst im *Hotel Schani*, wo du dich am liebsten gleich einquartieren würdest.

Simmering — 1110

Wäre der 11. Bezirk ein Tier, wäre er bestimmt der Feldhamster, den du bei deinem letzten Besuch am Zentralfriedhof so brüskiert hast, dass er sich unerwartet groß vor dir aufgebaut und dich angefaucht hat.

Simmering, das ist nicht nur der *Zentralfriedhof*. Obwohl der mit zehn Prozent schon einen wesentlichen Teil der Fläche beansprucht. Draußen am *Alberner Hafen* gedenkst du am *Friedhof der Namenlosen* zwischen Donaurauschen und Hafenpoltern dem kleinen Seppl und den anderen Toten, die die Donau fortgerissen und hier angespült hat.

Etwas weiter stadteinwärts gräbst, lärmst und schrottest du im *Baggerpark Simmering* mit schwerem Gerät. Hast du die letzten Wutfalten gelüftet, deckst du im *Bio-Feigenhof* deinen Bedarf an Feigenprodukten für die nächsten fünf Leben. Gegenüber, im *Schloss Neugebäude*, feierst du beim Ritterfest das Mittelalter, beim Weihnachtsmarkt den Advent und beim Sommerfest, nun ja, den Sommer eben. Manch eine Simmeringer Seele ist übrigens immer noch nicht restlos darüber hinweg, dass

© Foto: Ines Futterknecht

Noch mehr erleben in:

Simmering

- ◯ *Café 42*
- ◯ *Café Nola*
- ◯ *Boesner Künstlerbedarf*
- ◯ *Herderpark*
- ◯ *Bestattungsmuseum*
- ◯ *Asahimoto*
- ◯ *Harrys Augustin*
- ◯ *Concordia Schlössl*
- ◯ *Knödel Manufaktur Wirtshaus*
- ◯ *Schutzhaus Neugebäude*

Maria Theresia die hiesige Säulengalerie gefladert und ins Schloss Schönbrunn integriert hat.

Am Münichplatz in Kaiserebersdorf holst du dir bei den *Eisdielern* unseres Vertrauens tolles selbstgemachtes Eis und wunderst dich, warum das Schloss gegenüber Gitter vor den Fenstern hat. Im *Schloss Kaiserebersdorf*, in dem heute die Justizanstalt beherbergt ist, war früher die erste Menagerie Europas und in ihr sogar der erste Elefant Wiens untergebracht.

Noch weiter stadteinwärts gibst du dir in der *SimmCity* so ziemlich alles von klamaukigem Kabarett bis zu monströsem Metal. Auf Letzteres hat sich inzwischen auch die legendäre *Szene Wien* spezialisiert. Oder du tauschst Headbangen mit anerkennendem Nicken und isst in aller Ruhe hervorragende regionale, saisonale Gerichte im *Gasthaus Stern*.

Meidling 1120

Wäre der 12. Bezirk ein Muskel, wäre er bestimmt die Zunge, die mit mühevoller Verkrampfung das Meidlinger L formt, um den Wiener Dialekt zu persiflieren.

Wagemutig begibst du dich gleich mal in den *Brennpunkt°* von Meidling, den du getrost wörtlich nehmen kannst: Das dortige *Museum für Heizkultur* widmet sich der Geschichte des Wärmens. Abkühlen gehst du dein erhitztes Gemüt dann im *Theresienbad*, das als ältestes bestehendes Bad der Stadt gilt.

Am gemütlichen *Meidlinger Markt* trinkst du deinen ersten oder vierten Kaffee bei *Ignaz & Rosalia* und setzt in der angeblich kleinsten Konditorei Wiens, der *Konditorei Hüftgold*, selbiges an, bevor du dich im Haubenlokal *Heu & Gabel* davon überzeugst, dass Fine Dining und Markttrubel sich nicht ausschließen.

Auf der anderen Seite der Bahntrasse, die den Bezirk quert, feuerst du die *Wiener Viktoria* auf ihrem Heimatplatz an oder verbringst im *Theater am Werk* schräg gegenüber einen zeitgenössischen Theaterabend. Im *Häuserl am Spitz* in der Kleingartensiedlung Esparsette sitzt du unter

© Foto: Ines Futterknecht

der grünen Weinlaube oder isst am anderen Ende der Siedlung traditionelle, saisonale Wirtshausküche 2.0 im *Schutzhaus Meidling*.

Nimmst du vom Kabelwerk aus die andere Richtung und landest irgendwann in Hetzendorf, ist es idealerweise Mai. Denn am letzten Maiwochenende hast du beim *Salon Jardin* eine der seltenen Gelegenheiten, den Park vom *Schloss Hetzendorf* bei Standln und Musik zu erkunden.

Und warst du schließlich wirklich in Meidling, wenn du nicht im *U4* den Dienstag zum Samstag gemacht hast? Während Falco hier ein- und ausgegangen ist, haben es S.T.S. mit der Angst zu tun bekommen.

Noch mehr erleben in:

Meidling

- ○ *Pizza Pummarò*
- ○ *Café Nahid*
- ○ *Berliner Babo*
- ○ *La Crémerie*
- ○ *Connolly's*
- ○ *Wirtschaft am Markt*
- ○ *Café Raimann*
- ○ *Housecafé*
- ○ *Gasthaus Stafler*
- ○ *Weinhaus Pfandler „Zu den Seligen Affen"*

Hietzing 1130

Wäre der 13. Bezirk ein Schriftstück, wäre er bestimmt die leicht vergilbte Ansichtskarte vom Schloss Schönbrunn, die du irgendwann mal aus Protest an Verwandte auf dem Land schicken wolltest, weil sie ständig über Wien lästern.

Nach Hietzing fährt man ganz bestimmt nicht nur deshalb, weil man im Bus am Sitz hängen geblieben ist, wie das der frivole Schüttelreim suggeriert. Nein, allein schon für Schönbrunn, das Schloss, Schönbrunn, den Park oder Schönbrunn, den Zoo reisen an freien Tagen die Scharen an. Schließt du dich ihnen an, pilgerst du erst einmal hinauf auf die **Gloriette** und genießt den Ausblick über Wien. Unten im Schloss bringt das **Marionettentheater** garantiert nicht nur Kinderaugen zum Leuchten. Die Puppen werden allesamt handbemalt und mit der Liebe von einem Dutzend Geppettos zum Leben erweckt.

Außerhalb der Parkmauern zwinkert dir das suburban-verwinkelte Alt-Hietzing entgegen. Du frühstückst in der **Waldemar Tagesbar**, besuchst die letzte Gaslaterne Wiens vor dem **Hietzinger Heimatmuseum** oder staunst bei **Gold'n'Guitars** über die Fülle an historischen und modernen Klampfen.

© Foto: Ines Futterknecht

Noch mehr erleben in:

Hietzing

- ◯ *Nook Café*
- ◯ *Schönbrunner Bad*
- ◯ *Klimt Villa*
- ◯ *Fresh Ceramics*
- ◯ *super.*
- ◯ *Landtmann's Jausenstation*
- ◯ *Come In*
- ◯ *Jin's Ramen*
- ◯ *Rasthaus Rohrerhaus*
- ◯ *Schaumweinhäuschen*

Am Küniglberg fragst du dich bei einer **ORF-Backstage-Führung**, was eigentlich aus Confetti und Mimis Villa Schnattermund geworden ist. Oder du besteigst den Roten Berg etwas weiter westlich, der mit seinen 262 Metern vielleicht nicht unbedingt hochalpin ist, sich dafür aber ideal als Picknick-Szenerie eignet. Spazierst du bis nach Hacking, trinkst du im **Wirtshaus Hackinger** einen der wahrscheinlich besten Weißen Spritzer der Stadt.

Früher oder später landest du in Hietzing garantiert im **Lainzer Tiergarten**. Immerhin beansprucht er mehr als die Hälfte der Bezirksfläche für sich. Davor stärkst du dich aber noch in der unglaublich gemütlichen Heurigenschenke **Zur Wildsau** und hoffst inständig, dass das die einzige Tuchfühlung mit ihresgleichen bleiben wird.

Penzing 1140

Wäre der 14. Bezirk eine Flüssigkeit, wäre er die Tränen jener Kinder, die du von den bunten Holzschaukeln auf der Sophienalpe verscheucht hast, weil sie dein Foto ruiniert hätten.

Fast die Hälfte des Bezirks besteht aus Wienerwald. Nicht einer, sondern gleich zwei Stadtwanderwege schlängeln sich durch Penzing. Wenn du der Nummer vier folgst, startest du im *Dehnepark* und biegst bald auf den *Satzberg* ab. Über die *Jubiläumswarte* und damit den 16. Bezirk geht's weiter, bis du wieder zurück im 14. landest, im Rosental, das mit seiner weggeduckten Lage und den vielen Häuschen etwas von Heinzelmännchen-Freistaat hat. Im *Großen Schutzhaus Rosental* pausierst du auf der geräumigen Terrasse. Danach pfeifst du auf den Rest des Stadtwanderweges, biegst stattdessen in die weitläufigen *Steinhofgründe* ab und kommst bei der prunkvollen *Otto-Wagner-Kirche* an. Die grauenhafte Geschichte des Areals als Zentrum der nationalsozialistischen Tötungsmedizin bereitet eine Ausstellung im *Pavillon V* auf. Im Pavillon 15 und vor dem Jugendstiltheater erinnern *Mahnmale* an die Opfer vom Spiegelgrund.

© Foto: Ines Futterknecht

Noch mehr erleben in:

Penzing

- ◯ Mehlspeis-Labor
- ◯ Ernst-Fuchs-Museum
- ◯ Technisches Museum Wien
- ◯ Ziegelmuseum
- ◯ Blumen vom Hühnersteig
- ◯ Sommerrodelbahn Hohe Wand Wiese
- ◯ Hütteldorfer Bad
- ◯ Chalet Moeller
- ◯ Il Pennello
- ◯ Odysseus

In der *Sargfabrik* etwas weiter stadteinwärts besuchst du im Kulturhaus Konzerte und Events oder schwitzt und schwimmst im Badehaus. Im Radcafé *Velobis* lässt du deinen Drahtesel servicieren und strampelst danach panisch durch den Stadtverkehr bis zum *Wienfluss-Weg*. Unterwegs von der Kennedybrücke zum Auhof empfiehlt sich ein Abstecher hinein nach Hütteldorf, etwa für japanische Köstlichkeiten im *Restaurant YUME* oder hervorragende Wiener Küche im *Gasthaus Prilisauer*.

In Breitensee sitzt du in den gleichnamigen *Lichtspielen* im ältesten dauernd bespielten Kino der Welt und schaust neben modernen Streifen Stummfilme mit Live-Piano-Begleitung. Und wenn du schon mal da bist, isst du bei *Anna & Jagetsberger* schräg gegenüber auch noch frische Buchteln.

Rudolfsheim-Fünfhaus — 1150

Wäre der 15. Bezirk eine Nachspeise, wäre er der Apfelstrudel, den du voller Vorfreude im Travel Shack bestellt hast, ohne zu checken, dass das hier nichts zu essen ist.

Im Nibelungenviertel lässt du dich im *Buchkontor* umfassend literarisch beraten, brunchst im schnuckeligen *franzundjulius* und schmachtest Kaffeehaushund Lotte dabei an. Irgendwann wechselst du dann auf die andere Straßenseite auf eine Partie Billard und den schicksten Käsetoast der Stadt ins *Café Kriemhild*. Oder du erweiterst in der Sexpositive-Location *Schwelle Wien* bei Workshops von Playfights bis Bondage deinen Horizont und stopfst dich anschließend mit den perfekt gegrillten Cevapcici vom *Restaurant Galaxie* voll.

Am Wochenende lässt du dich im *Augustin* beim Frühstück von der schmusigen Hauskatze ablenken. Auf dem Weg in Richtung Schmelz kommst du an der *Pankahyttn* vorbei, dem selbstorganisierten Schutzhaus der Wiener Punks. Am ersten Samstagnachmittag des Monats wirfst du einen Blick ins Archiv der Wiener Punkbewegung.

© Foto: Ines Futterknecht

Noch mehr erleben in:

Rudolfsheim-Fünfhaus

- Schwendermarkt
- Unverschwendet
- Improper Walls
- Auer-Welsbach-Park
- Pitawerk
- Gasthaus Mader
- Tesla Pizza & Concept
- Die Hollerei
- Beats & Beans
- Thailanna x Mae Aurel

Auf der Schmelz gehst du dann nicht Blasrohrschießen oder Twerken am USI –wo sind die Zeiten hin? –, sondern spazierst durch die größte urbane Kleingartenanlage Mitteleuropas und landest schließlich in ihrer Hochburg, dem *Schutzhaus Zukunft*. Gastgartensitzen ist Pflicht.

Im Süden des Bezirks feiert das Reindorfviertel im Spätsommer sein beliebtes *Grätzelfest*. Dafür musst du aber erst einmal die Gleise des Westbahnhofs überqueren. Am besten über den *Rustensteg*, während die Sonne hinter der Stadt versinkt. Im Reindorfviertel holst du dir bei *Miraflores* Kaffee und Blumen, im *Buchcafé Melange* Kaffee und Bücher und im *Gasthaus Quell* zwischen Kamin und Günter-Brödl-Gedenktafel eine Portion Nostalgie.

Ottakring 1160

Wäre der 16. Bezirk ein Geräusch, wäre er das Detonieren der Körper im Keller vom Weberknecht, wenn bei den regelmäßigen Underground-Wrestling-Shows wieder die improvisierten Fetzen fliegen.

Wo besser eine Erkundungstour starten als auf Europas längstem permanenten Straßenmarkt? Der *Brunnenmarkt* hat mit seinen etwa 170 Standln vor allem eines im Angebot: Vielfalt! Ofenfrische Fladenbrote werden aus dem Tandoor-Ofen gehoben oder zuckeln in der *Hot Bakery* am Fließband an dir vorbei. Bei einem kleinen Standl holst du dir großartige Gözleme, köstliches Shawarma bei *Garbanzo* oder eine Schweinsbratensemmel bei *S'Cazzo.* Willst du etwas länger sitzen, frühstückst du bei *mani* am Yppenplatz bis nachmittags.

In der *Brunnenpassage* gibst du dir interdisziplinäre Happenings oder machst gleich selbst bei einem der Workshops mit. Etwas weiter die Thaliastraße hinauf liegt das ehemalige Fabrikgebäude, das jetzt *Die Schöne* heißt: Hier kannst du siebdrucken und siebdrucken lassen, dein Fahrrad reparieren und reparieren lassen, Kunst

© Foto: Ines Futterknecht

erleben und kreativ aus dem Vollen schöpfen.

Der *Stadtwanderweg 4a* führt dich auf den Berg mit der Identitätskrise: Gallitzinberg, Wilhelminenberg, Predigtstuhl – Hauptsache bergauf. Oben verstauchst du dir beim Aufstieg auf die *Jubiläumswarte* fast deinen inneren Hasenfuß und wirst mit einem Ausblick auf Wien belohnt. Bergab zieht es dich magisch zum *Weinbau Leitner,* wo sich dir im Weingarten die Stadt schon wieder zu Füßen wirft. Weiter unten deckst du dich mit Honig aus dem Obstgarten von *Imker Tarasiewicz* ein und musst dich natürlich selbst davon überzeugen, dass der Kümmelbraten bei *Gitti's Heurigem* seinesgleichen sucht.

Noch mehr erleben in:

Ottakring

- ○ *Café Frida*
- ○ *Eissalon Mauß*
- ○ *Kongreßbad*
- ○ *Kuffner-Sternwarte*
- ○ *Staud's Pavillon*
- ○ *Dinner in the Dark*
- ○ *Nigls*
- ○ *10er Marie*
- ○ *Paradice Spielebar*
- ○ *The Loft*

Hernals 1170

Wäre der 17. Bezirk ein Geruch, wäre er das olfaktorische Kind der Liebe aus Schokolade und Hefe, das Ottakringer Brauerei und Manner-Fabrik an seiner Grenze in die Welt setzen.

Am Geburtsort der Mannerschnitte deckst du dich im Werksshop mit verboten günstiger Bruchware ein. Und gleich noch ein österreichischer Exportschlager wird in Hernals produziert: Das *Museum der Original Wiener Schneekugelmanufaktur* ist das einzige seiner Art in Europa. Im *Wiener Metropol* schneist du für Konzert oder Kabarett herein und verliebst dich in die *Pawlatschenbühne* im Hinterhof.

Du strawanzt stadtauswärts, bis du den Schlüsselbund auf der Friedhofstribüne klingeln lässt, wenn beim Derby of Love der *Wiener Sport-Club* auf die First Vienna trifft. Der Platz vom Sport-Club selbst ist übrigens der älteste nach wie vor bespielte Fußballplatz Österreichs.

Die modernen Fetzenlaberln schießt man sich im Sommer auch beim *Engelmann* auf dem Supermarkt-Dach zu. Im Winter verwandelt sich der Platz in die

© Foto: Ines Futterknecht

Noch mehr erleben in:

Hernals

- ○ *Vox Libri*
- ○ *Grey Kaffee*
- ○ *Schwarzenbergpark*
- ○ *Alszeilenmarkt*
- ○ *Sportplatz des Postsportvereins*
- ○ *Cuccina Ballerini*
- ○ *Ghörig*
- ○ *Pichlmaiers Zum Herkner*
- ○ *Manameierei*
- ○ *Jetzt Bar*

beliebte Kunsteisbahn, die einst die erste Freilufteisbahn der Welt war. Deine Bahnen ziehst du auch im *Jörgerbad*, das sich in Sachen Glasdach-Extravaganza ruhig mit dem Amalienbad messen kann. Im Sommer planschst du im kleinen *Neuwaldegger Bad* am Waldrand.

Und weil man in Wien „Sommer“ nur schwer ohne „Buschenschank“ schreiben kann, kehrst du anschließend noch bei der Buschenschank vom *Weinbau Stippert am Heuberg* ein. Direkt am Wasser machst du es dir im feinen *Klee am Hanslteich* gemütlich. Spazierst du rund um den Teich, führt am anderen Ende ein Wanderweg durch den Schottenwald auf die *Kreuzeichenwiese*, wo Zwei- und Vierbeiner um die Wette tachinieren. Übereifrige tragen sich am *Heuberg* sogar ins Gipfelbuch ein. Hernois is’ ois!

Währing 1180

Wäre der 18. Bezirk ein Haus, wäre er diese eine Villa im Cottageviertel, bei der du dich bei jedem Spaziergang hier fragst, ob sie bewohnt ist, wer in ihr wohnt und wie groß der Kredit wäre, den du aufnehmen müsstest, um sie zu kaufen.

Von der „Cottääsch", wie du das Villenviertel lässig durch die Nase schönbrunnerst, spazierst du weiter bis zum *Sternwartepark* und nimmst an einer der kostenlosen monatlichen Führungen durch die Sternwarte teil, in der sich das Institut für Astrophysik der Universität Wien befindet.

Eigentlich wolltest du ja über den schnuckeligen *Kutschkermarkt* flanieren, aber im *Café Himmelblau* ist es einfach zu gemütlich und du hast ja noch nicht alle frisch gebackenen Kuchen aus der Vitrine probiert! Immer ein Muss: der Cheesecake, dank dem andere Cheesecakes für uns nur mehr Käsekuchen sind. Abends gibt's in der *Wilden Ehe* Industrial Chic an den Backsteinwänden und regionale Bio-Produkte auf den Tellern.

Auf der Währinger Straße schnappst du dir *Gefrorenes*, also natürliches, frisches Eis in über 60 verschiedenen Sorten, und noch weit vor der Auslage

© Foto: Ines Futterknecht

von *Hartliebs Bücher* hörst du schon die Blätter rascheln.

Im *Türkenschanzpark* atmest du an Teichen und Wiesen endlich mal so richtig durch und kommst etwa am *Yunus-Emre-Brunnen* vorbei, der dem türkischen Volksdichter und Mystiker gewidmet ist und ein Zeichen für Freundschaft und Verständigung zwischen den Völkern sein soll. Im *Pötzleinsdorfer Schlosspark* stößt du zufällig auf eine (oder alle) der vier Skulpturen, die den verheerenden Brand im Wiener Ringtheater 1881 überdauern konnten und danach an die frische Luft gesetzt wurden. Oder du begibst dich auf die Spuren feministischer Geschichte am *Frauenweg*, der mit zehn Infotafeln durch den Park führt.

Noch mehr erleben in:

Währing

- ○ *Café Mocca*
- ○ *Café Stadtbahn*
- ○ *Café Trabant*
- ○ *Schafbergbad*
- ○ *Jüdischer Friedhof Währing*
- ○ *Geymüllerschlössel*
- ○ *Bio Pizzeria Vero*
- ○ *Takan's Fischrestaurant*
- ○ *Tao Mini Bar*
- ○ *Hollerkoch*

Döbling — 1190

Wäre der 19. Bezirk eine Statue, wäre er die Gans Lilli neben dem Café Nest, deren Legende besagt, dass sie Sitzstreiks auf den Straßenbahnschienen hielt und vom Schaffner persönlich weggetragen werden musste.

Denkt man an Döbling, denkt man an Heurigenkultur und aufgestellte Polo-Kragen. Dabei sollte man eigentlich an Karl Marx denken: Wusstest du, dass der *Karl-Marx-Hof* in Heiligenstadt mit über 1.000 Metern Länge der längste zusammenhängende Wohnbau der Welt ist? Du passierst ihn, wenn du mit dem 38A auf den *Cobenzl* oder weiter zum *Kahlenberg* gondelst. In *Sievering* nimmst du den *Stadtwanderweg 2*, peilst zuerst das *Häuserl am Stoan* oder *am Roan* und ihre Gastgärten an. Das wortwörtliche Highlight der Wanderung ist der *Hermannskogel* – mit seinen schwindelerregenden 544 Metern ist er der höchste Punkt von Wien. Dahinter findest du das *Gasthaus zum Agnesbrünnl* und die *Jägerwiese*. Sobald im Winter die ersten Schneeflocken fallen, mutiert sie zum Rodelhang.

Das *Kahlenbergerdorf* ist so beschaulich, dass du deinen Blick kaum abwenden kannst. Von hier aus erklimmst du über die „Nos'n" den *Leopoldsberg* und

© Foto: Ines Futterknecht

seine Burg. Damit stehst du auf dem OG Kahlenberg. Erst als dieser nach einer Schlacht dem Heiligen Leopold geweiht wurde, übernahm der etwas höhere Sauberg – sicher bereitwillig – seinen Namen. Ihm kannst du dich auch über den *Nussberg* nähern und auf dem Weg links und rechts von Heurigem zu Buschenschank und wieder retour kippen: *Wieninger, Sirbu, Mayer* – you name it!

In Grinzing, abseits der üblichen Verdächtigen, genießt du in der *Buschenschank in Residence* von Jutta Ambrositsch, die nur an wenigen Tagen im Jahr ausg'steckt hat, Ruhe, Wein und hervorragende Speisen. Oder du machst beim *Neustifter Kirtag* im Sommer einen unbeholfenen Bauchfleck ins Gesichtsbad, indem du ganz oft „Treuhandfonds" sagst.

Noch mehr erleben in:

Döbling

- ◯ *Café Friedl*
- ◯ *Krapfenwaldlbad*
- ◯ *Setagayapark*
- ◯ *Am Himmel*
- ◯ *Zacherlfabrik*
- ◯ *mozart & meisl*
- ◯ *Heuriger Schübel-Auer*
- ◯ *Buschenschank Hengl-Haselbrunner*
- ◯ *Amador Restaurant*
- ◯ *SLUBar*

Brigittenau 1200

Wäre der 20. Bezirk eine Verabredung, wäre er das erste Date mit deinem Jugendgspusi, das du in der Millennium City zuerst im Food Court auf Burger einlädst, bevor du beim Disco Bowling etwas zu kompetitiv wirst.

Die Brigittenau ist, flankiert von Donaukanal und Donau, ihre ganz eigene Donau-Insel – rund 21 Prozent des Bezirks bestehen aus Wasser. Aber auch an Land ist einiges los: Authentisches Markttreiben jenseits der Gentrifizierung findest du am *Hannovermarkt*, der einen Querschnitt durch verschiedenste Kulturen und Küchen bietet. Du holst dir frisch gebackenes Lavash-Brot aus dem Tandoor-Ofen bei *Bagheri*, staunst über die bunten Mengen an Fisch, Fleisch, Obst und Gemüse und siehst Spezialitäten wie den türkischen Yufka-Teig oder Medjool-Datteln.

Nur einen Backsteinwurf entfernt wartet der *Nordwestbahnhof* darauf, zum neuen Stadtentwicklungsgebiet umgemodelt zu werden. Bis es so weit ist, gibt es hier immer wieder spannende Zwischennutzungsprojekte zu sehen und das *Museum Nordwestbahnhof* lässt seine bewegte Geschichte Revue passieren.

© Foto: Ines Futterknecht

Am recht unscheinbaren *Sachsenpark* liegt noch unscheinbarer das Top-Restaurant *Mraz & Sohn*, das kreative österreichische Küche in einem einzigen Tasting-Menü serviert. Willst du deine neue Flamme hierher ausführen, solltest du dir sicher sein, dass es etwas Ernstes ist: Den Tisch musst du meist mehrere Wochen im Voraus buchen. Vorfreude ist ja angeblich die schönste Freude!

Bei *Xian* holst du dir original asiatisches Streetfood, kostest dich durch verschiedene Sake-Varianten oder stolperst in eine aktuelle Kunstausstellung. Mit Negroni oder Special-Cocktail hebt der Tag schließlich im Schanigarten der *Rakete* zu einem Abend in anderen Sphären ab.

Noch mehr erleben in der:

Brigittenau

- ◯ *Café Frame*
- ◯ *Gelati Serafini*
- ◯ *Brigittenauer Bad*
- ◯ *Ministry of Artists*
- ◯ *Das Vindobona*
- ◯ *Naturkost Liola*
- ◯ *Diwan Holzkohlegrill*
- ◯ *Zwischenbrückenwirt*
- ◯ *Wohnküche*
- ◯ *Soho Karaoke Bar*

Floridsdorf — 1210

Wäre der 21. Bezirk ein Mensch, wäre er das Nackerpatzerl, das seinen sonnengegerbten Körper demonstrativ zum Wasser bewegt und dich argwöhnisch anfunkelt, weil du in Badesachen im FKK-Bereich der Donauinsel sitzt.

Wenn du schon mal da bist, schnappst du dir Inlineskates, Drahtesel oder einen anderen rollbaren Untersatz und zuckelst durch den *Kirschenhain* aus 150 Kirschenbäumen und 100 Skulpturen. Wenn die Bäume ab April ihre rosafarbenen Blüten auftragen, ist das hübsch bis an die Kitschgrenze und gipfelt im alljährlichen *Kirschenhainfest*. Gegenüber am anderen Ufer beobachtest du den performativen Frühling von der Terrasse der *Schilfhütte* aus und spielst etwas weiter stromaufwärts die erste Beachvolleyball-Partie des Jahres in *Auerhahns Strandbar*. Oder du gondelst weiter stromabwärts und machst im *USUS am Wasser* einen Tag lang Sommerurlaub.

Nicht nur die *Neue*, auch die *Alte Donau* dümpelt durch Floridsdorf. Im Schlepptau: ein Programm, das ganze Sommer füllt. Du kaperst bei *Flotus* ein Stand-up-Paddle-Board für SUP-Yoga und bei der *La Crêperie* ein Boot fürs Mondscheinpicknick.

© Foto: Ines Futterknecht

Noch mehr erleben in:

Floridsdorf

- ○ *Perugini Eissalon*
- ○ *Afrika-Tage*
- ○ *Biohof Radl*
- ○ *Summerstation*
- ○ *Keller am Berg – Karl Lentner*
- ○ *Der Weingarten*
- ○ *NEUERWirt*
- ○ *Floridsdorfer Wasserpark*
- ○ *Gasthaus Birner*
- ○ *Pizzeria Lievito 48 am Markt*

Im *Golfstüberl* holst du dir am Wochenende Steckerlfisch frisch vom Holzkohlegrill und schwingst ein heißes Eisen beim Minigolf. Rechts davon planschen im *Angelibad* und an der *Lagerwiese Romaplatz* die Zwei-, links davon am Hundestrand die Vierbeiner.

Nicht am Wasser, aber dennoch flüssig geht es bisweilen in *Stammersdorf* zu, besonders wenn im Spätsommer die *Stammersdorfer Weintage* ganz Wien an den malerischen Stadtrand locken. Entweder du lässt dich vom *Stadtwanderweg 5* bis auf den *Bisamberg* und wieder retour führen, oder du fällst gleich in der urigen *Kellergasse* ein. In einer Seitengasse isst du etwas abseits im *Weinhandwerk* Tapas aus regionalen Spezialitäten und Wildkräutern oder lernst im Sommer beim Wild Cooking über offenem Feuer, wie du selbst mit Wildkräutern kochst.

Donaustadt 1220

Wäre der 22. Bezirk ein Gefährt, wäre er das Schiffernakel, das du dieses Jahr endlich rechtzeitig für das Lichterfest auf der Alten Donau reserviert hast, um das Feuerwerk zur Abwechslung mal vom Wasser aus zu sehen.

Die Donaustadt beansprucht die Untere Alte Donau für sich, inklusive ihrer Insel der Seligen: dem *Gänsehäufel*. Sobald die Tage länger und die Abende lauer werden, borgst du dir rund um die Kagraner Brücke Tret-, Ruder- oder Elektroboot aus, schnupperst Holzkohlenrauch bei der *Alten Kaisermühle*, isst am anderen Ufer Ripperln im *Strandcafé* oder Fish and Chips im *Bootshaus*.

Ein Seitenarm führt dich zum *Kaiserwasser*, wo du dich mit dem *Goethehof* im Nacken fühlst wie mitten im „Kaisermühlen Blues“. Beim *Eissalon Trento* kannst du nachvollziehen, warum die Serienfiguren sich ausgerechnet hier so gerne treffen.

Auf der Donauinsel streifst du am *Copa Beach* von Lokal zu Lokal, bist schlagartig in irgendein maritimes Urlaubsdomizil gebeamt und erinnerst dich an die alte Copa Cagrana, deren Anspielung im Namen im jetzigen Setting viel mehr Sinn ergeben würde. Du borgst dir beim

© Foto: Ines Futterknecht

Noch mehr erleben in der:

Donaustadt

- ○ Café Falk
- ○ Blumengärten Hirschstetten
- ○ Badeteich Süßenbrunn
- ○ Jazzpark Essling
- ○ Cyberjump
- ○ Schulgarten Kagran
- ○ Buchhandlung Seeseiten
- ○ Orpheum Wien
- ○ Restaurant Zum Schinakl
- ○ Fat George

Fahrradverleih Rennrad, Longboard oder Tandem aus und cruist damit mindestens bis zum *Vienna City Beachclub* für ein bisschen Strandparty oder noch etwas weiter zu *himmel & wasser* für das komplette Sommerprogramm von Hängematte bis Open-Air-Rave.

Auf der anderen Seite vom Entlastungsgerinne breitet sich der Dschungel aus, den man gemeinhin *Lobau* nennt. Du spazierst gefühlte Ewigkeiten durch den dichten Wald, rund um die *Dechantlacke* und über den *Josefsteg*, blickst in die fast schon postapokalyptische Weite und kommst irgendwann zur *Panozzalacke*. Von hier aus führt dich der *Napoleon-Rundwanderweg* zurück ins Jahr 1809 zur Schlacht bei Aspern – metaphorisch natürlich. Tatsächlich führt er dich bis nach Groß-Enzersdorf.

Liesing 1230

Wäre der 23. Bezirk ein Glaserl Wein, dann wäre er das erste Fluchtachterl im Gastgarten vom Heurigen Fuchs-Steinklammer, von dem du jetzt schon weißt, dass es ziemlich sicher nicht das letzte dieses Abends sein wird.

Du kannst zwar nicht zweimal in denselben Fluss steigen, aber du kannst ihm nachradeln! Das gilt zumindest für den *Liesingbach*, der vom Wienerwald bis nach Schwechat oder – innerhalb der Bezirksgrenzen – von Kalksburg bis nach Inzersdorf fließt.

Zu Fuß machst du dich von der 60er-Endstation Rodaun auf den Weg zum *Stadtwanderweg 6*. Dabei überwindest du die Stadtgrenze und kannst die *Perchtoldsdorfer Heide* nicht passieren, ohne krampfhaft nach Zieseln Ausschau zu halten. Du kommst an der *Mizzi-Langer-Wand* vorbei, bei der es Klettermaxln in den verhärteten Fingerkuppen juckt, siehst schon vom Weitem den Holzkohlegrill der *Wiener Hütte* rauchen und wirst vom Maurerwald bei der *Wotrubakirche* ausgespuckt. Sie ist mit ihren über 150 Betonblöcken zwar dem Brutalismus zuzuordnen, aber unwillkürlich musst du an Stonehenge denken.

© Foto: Ines Futterknecht

Noch mehr erleben in:

Liesing

- ◯ Café-Genuss Spiegel
- ◯ Bäckerei Szihn
- ◯ Buschenschank Grausenburger
- ◯ Alpaka Wandern Wien
- ◯ Schokomuseum
- ◯ Möbeldepot
- ◯ Thum Schinken Manufaktur
- ◯ Planetenwanderweg
- ◯ Zur Schießstätte
- ◯ Stasta

Im *Wohnpark Alterlaa* neben vielen anderen coolen Gimmicks – über das *Freddy-Quinn-Archiv*, das dem österreichischen Schlagersänger ein Kuriositätenkabinett widmet. In der Nähe hat sich rund um die ehemalige Sargerzeugung Atzgersdorf mit dem *F23* eine Kulturinitiative formiert, die längst über ihre eigenen Grenzen hinausgewachsen ist und das ganze Grätzel zur Bühne macht.

Mit *Mauer* hat der 23. Bezirk aber auch seine ganz eigene Heurigen-Hochburg. In entspannt vorstädtischer Atmosphäre sitzt du in ebenbürtig idyllischen Gastgärten bei *Zahel*, *Edlmoser* oder *Wiltschko*. Und wenn die Hirterhütte vom *Weinbau Fuchs-Steinklammer* am Kadolzberg die Sturmtage im Weingarten ausruft, ist es verkraftbar, dass es langsam herbstelt.

Kapitel 8

Für euch

Schnapp dir deine Lieblingsmenschen, entfernte Bekannte, Urstrumpftanten und -onkeln und teile mit ihnen einmalige Erlebnisse in der ganzen Stadt!

ROMANTISCHE DATES

- ○ *Frühstücken im Hotel Altstadt Vienna*
- ○ *Zusammen einen Töpferkurs belegen*
- ○ *Am späten Nachmittag durch den Augarten flanieren*
- ○ *Dinner im ShanghaiTan*
- ○ *Spritzer trinken im Ganz Wien*
- ○ *Cocktails schlürfen hinter der Tür 7*
- ○ *Die Aussicht genießen in der Aurora Rooftop Bar*
- ○ *Im Mondschein picknicken auf der Alten Donau (bei La Crêperie)*
- ○ *Mit dem Rad durch die Lobau fahren*
- ○ *Sich in der Albertina Modern inspirieren lassen*

FÜR FAMILIEN MIT KINDERN

- ○ *Kaffee trinken im Kindercafé Lauserpause*
- ○ *Einem Theaterstück im Dschungel beiwohnen*
- ○ *Vietnamesisch essen und toben im Baomi*
- ○ *Durch Schönbrunn spazieren und bei Landtmann's Jausenstation einkehren*
- ○ *Den Wurstelprater unsicher machen und in der Luftburg landen*
- ○ *Im Technischen Museum staunen*

Für größere Gruppen

- ○ *Mit Alpakas wandern im Wienerwald*
- ○ *Brunchen im Augustin*
- ○ *Eine Schnitzeljagd von ArchäoNOW meistern*
- ○ *Beim Heurigen einkehren*
- ○ *Kniffeln in einem der vielen Escape Rooms*
- ○ *Singen in der Shangrila Karaoke Bar*
- ○ *Koreanisch grillen im Yori*
- ○ *Grillen im Feuerdorf*
- ○ *Afterworken im Maria und Josef*
- ○ *Alte Möbel upcyclen im Werksalon*
- ○ *Hot Pots schlürfen im Mama Liu & Sons*
- ○ *Den Sonntag im Cabaret Fledermaus ausklingen lassen*
- ○ *Auf ein Bier ins Käuzchen gehen*
- ○ *Picknicken am Kaiserwasser*

Gutscheine!

Um deine Erlebnisse noch hautnaher zu gestalten, warten hier im letzten Abschnitt des 1000things Erlebnisbuchs 36 Gutscheine im Gesamtwert von über 750 Euro. Diese unterliegen folgenden Einlösebedingungen:

- Die Gutscheine sind von 1.12.2023 bis 31.3.2025 einlösbar, sofern nicht anders angegeben.
- Eine Barablöse ist nicht möglich.
- Jeder Gutschein ist gegen Aushändigung einmalig einlösbar. Trenn ihn dafür einfach an der vorgesehenen Stelle ab.
- Weiterführende Konditionen des Gutscheins und der Einlösung obliegen dem Partner und sind am jeweiligen Gutschein vermerkt. Bei Restaurants, Bars und Lokalen rufst du am besten direkt vorher an, gibst Bescheid, dass du mit dem 1000things Gutschein vorbeikommst und lässt dir ein schönes Platzerl reservieren.
- Pro Besuch eines Gutschein-Anbieters ist nur ein Gutschein einlösbar. Aber wo es schön ist, da will man sowieso nochmal hin.
- Für Ausgefuchste: Das gegenseitige Einladen mittels Gutscheinen ist nicht möglich. Rabatte und Gutscheine sind nicht miteinander oder mit anderen kombinierbar.
- 1+1-Gutscheine sind – wenn nicht anders angegeben – nur zu zweit einlösbar.
- 1000things haftet nicht, wenn eine Einlösung des Gutscheins nicht möglich geworden ist, etwa durch Konkurs, Insolvenz oder Verkauf.
- Don't shoot the messenger: 1000things ist nicht für den Gegenstand und die inhaltliche Korrektheit eines Gutscheins verantwortlich.
- Sag am besten gleich bei Ankunft dazu, dass du einen Gutschein aus dem 1000things Erlebnisbuch dabei hast und diesen einlösen willst. Wenn dir als Antwort fragende Gesichter entgegenblicken, hab ein bisschen Nachsicht: Es kann sein, dass gerade neue Mitarbeitende vor Ort sind, die noch nicht auf den Gutschein geschult wurden. Die Geschäftsführung weiß aber in der Regel Bescheid und bei genauerem Nachfragen klärt sich das fix ganz schnell.

Weinhandwerk

1210 WIEN, SENDERSTRASSE 27,
0664 383 57 25, WEINHANDWERK.AT

Hinter richtig gutem Wein steckt richtig viel Handwerkskunst. Das beweist etwa das Weinhandwerk am Fuße des Bisambergs. Wildkräuterbuschenschank und Bio-Weingut in einem, bekommst du hier hausgemachte Heurigen-Köstlichkeiten, Wein und sogar Cocktails. All das eingebettet in ein grünes Naturparadies mit Wildkräuterwiese direkt vor der Nase.

Im Weinhandwerk kannst du auch Wild-Cooking-Seminare besuchen: Sammle Wildkräuter und -gemüse und koche spannende Gerichte.

1+1

gratis Gin & Herbs Sommercocktail mit Wildkräutern & hausgemachtem Gin

Einlösbar bis 31.3.2025

1000 THINGS

Dein Erlebnis:

Weinhandwerk

Im Rahmen eines Buschenschankbesuchs am Freitag oder Sonntag während der Öffnungszeiten einlösbar, um ein Gläschen homemade Gin, die Natur und die Wildkräuter-Tapas zu genießen. Bitte online mit Vermerk „1000things" reservieren. Einlösbar von 1.12.2023 bis 31.3.2025. Es gelten die Einlösebedingungen des 1000things Erlebnisbuchs.

Du brauchst noch mehr Infos? Hier geht's zur Website!

1000 THINGS

1000things.at/erlebnisbuch

Viel Spaß bei diesem *Erlebnis!*

Im Rahmen eines Buschenschankbesuchs am Freitag oder Sonntag während der Öffnungszeiten einlösbar, um ein Gläschen homemade Gin, die Natur und die Wildkräuter-Tapas zu genießen. Bitte online mit Vermerk „1000things" reservieren. Einlösbar von 1.12.2023 bis 31.3.2025. Es gelten die Einlösebedingungen des 1000things Erlebnisbuchs.

So war's im *Weinhandwerk*

Ich war dort mit:

DATUM:

Drink des Besuchs:

Gericht des Besuchs:

MEIN PERSÖNLICHES HIGHLIGHT:

Sternebewertung:

SERVICE ☆ ☆ ☆ ☆ ☆

AMBIENTE ☆ ☆ ☆ ☆ ☆

GESCHMACK ☆ ☆ ☆ ☆ ☆

PREIS/LEISTUNG ☆ ☆ ☆ ☆ ☆

NOCHMAL? ○ **ja** ○ **nein**

Franz von Grün

2464 ARBESTHAL, KELLERGASSE 71,
02 162 280 14, FRANZVONGRUEN.AT

In der beschaulichen Kellergasse 71 wartet Franz von Grün auf dich. Was sich hinter dem feschen Namen mit Adelsprädikat verbirgt? Eine moderne Location im Boho-Style inmitten der Weingärten, die du für private Feiern mieten oder für Brunch und Dinner besuchen kannst. Jeden Freitag und Samstag geht das Genussformat Querfeldein über Tisch und Theke, jeden Sonntag trifft man sich zum Sonntagsfranz.

Ausflug ins Wiener Umland gefällig? Keine 30 Kilometer von Wien entfernt, liegt Franz von Grün inmitten von Weinreben.

© Foto: Studio Sichtfeld – Bianca Hochenauer

Eine Flasche Wein

wie Grüner Veltliner, Gemischter Satz oder Gelber Muskateller gratis

Einlösbar bis 31.3.2025

1000 THINGS

Dein Erlebnis:

Franz von Grün

Einlösbar bei kulinarischen Events wie Esskalation, Querfeldein & Sonntagsfranz von 1.12.2023 bis 31.3.2025. Es gelten die Einlösebedingungen des 1000things Erlebnisbuchs.

Du brauchst noch mehr Infos? Hier geht's zur Website!

1000 THINGS

1000things.at/erlebnisbuch

Viel Spaß bei diesem *Erlebnis!*

Einlösbar bei kulinarischen Events wie Esskalation, Querfeldein & Sonntagsfranz von 1.12.2023 bis 31.3.2025. Es gelten die Einlösebedingungen des 1000things Erlebnisbuchs.

So war's bei *Franz von Grün*

Ich war dort mit:

DATUM:

Drink des Besuchs:

Kakao mit Ho — WEIN

Gericht des Besuchs:

MEIN PERSÖNLICHES HIGHLIGHT:

Sternebewertung:

SERVICE ☆ ☆ ☆ ☆ ☆

AMBIENTE ☆ ☆ ☆ ☆ ☆

GESCHMACK ☆ ☆ ☆ ☆ ☆

PREIS/LEISTUNG ☆ ☆ ☆ ☆ ☆

NOCHMAL? ○ **ja** ○ **nein**

Vollpension

1040 WIEN, SCHLEIFMÜHLGASSE 16
1010 WIEN, JOHANNESGASSE 4A,
VOLLPENSION.WIEN

Kaffee und Kuchen wie damals? Streich das „wie“: Das Generationencafé Vollpension ist eine wohlig duftende Bastion gegen die Schnelllebigkeit der Wiener City und präsentiert frisch gebackene Glückseligkeiten. Den Kuchen von der Oma bekommst du gleich an zwei Standorten, die zu den köstlichsten der Stadt zählen. Hach, bei Oma und Opa schmeckt's eben immer noch am besten.

In Omas öffentlichem Wohnzimmer ist Platz für alle, Alt und Jung, neu oder schon ewig in Wien. Ein wunderschöner Ort für ein Plauscherl auch abseits der eigenen Bubble.

Trzesniewski

13 FILIALEN IN GANZ WIEN,
SPECKMITEI.AT

Ob Klassiker wie Speck mit Ei oder ausgefallene Sorten wie Erbse mit Karotte – wir lieben sie alle. Längst hat sich der Nachname des Krakauer Erfinders als wahre Institution der österreichischen Jausenszene etabliert. Kein Wunder, immerhin hat man schon 1902 auf gewisse Erfolgsrezepte gesetzt: 18 der 25 Ursprungsbrötchen sind bis heute im Sortiment, außerdem werden die Aufstriche mit ihren geheimen Zutaten nach wie vor manuell per Gabel auf den fluffigen Untergrund verteilt.

Unsere Urwiener Lieblingssorte? Tafelspitz mit Kren und Gurke!

So war's bei *Trzesniewski*

Ich war dort mit:

Artischöckchen

DATUM: 27.1.2024

Drink des Besuchs:

Makava

Gericht des Besuchs:

Tomate, Linse-Rote-Rübe
Ei mit Ei, Champignon, pikantes Ei
Zwiebel mit Ei

MEIN PERSÖNLICHES HIGHLIGHT:

Tomate + Linse

Sternebewertung:

SERVICE	★★★☆☆
AMBIENTE	★★★☆☆
GESCHMACK	★★★★★
PREIS/LEISTUNG	★★★★☆

NOCHMAL? ☒ ja ○ nein

Casolaro Bros

1040 WIEN, WOHLLEBENGASSE 15,
0664 106 91 05, IG: @CASOLAROBROS

Den Tag erstmal mit einem frischen Croissant voll sizilianischer Pistaziencreme starten, samt echtem italienischen Kaffee, die Bohnen in Pompei geröstet. Zu Mittag eine Antipasti-Platte mit Porchetta oder saftigem Coppa. Und wenns noch später wird – und das wird es –, den Aperitivo dazu: einen guten Spritz oder Negroni sogar. Na, Fernweh bekommen? Dann ab zu den Casolaro Bros!

Probier mal das Kaffee-Special Leccese:
ein Espresso mit Eiswürfeln und Mandelsirup!

© Foto: Casolaro Bros + Rebecca Dimeny

2 Spritz oder Cocktails

gratis zur Bestellung einer Antipasti-Platte für 2 Personen

Einlösbar bis 31.3.2025

Dein Erlebnis:

Casolaro Bros

Voucher nur gültig in Kombination mit einer Antipasti-Platte für 2 Personen. Gültig während der gesamten Öffnungszeiten. Einlösbar von 1.12.2023 bis 31.3.2025. Es gelten die Einlösebedingungen des 1000things Erlebnisbuchs.

Du brauchst noch mehr Infos? Hier geht's zur Website!

1000 THINGS

1000things.at/erlebnisbuch

Viel Spaß bei diesem *Erlebnis!*

Voucher nur gültig in Kombination mit einer Antipasti-Platte für 2 Personen. Gültig während der gesamten Öffnungszeiten. Einlösbar von 1.12.2023 bis 31.3.2025. Es gelten die Einlösebedingungen des 1000things Erlebnisbuchs.

So war's bei *Casolaro Bros*

Ich war dort mit:

DATUM:

Drink des Besuchs:

Gericht des Besuchs:

MEIN PERSÖNLICHES HIGHLIGHT:

Sternebewertung:

SERVICE ☆ ☆ ☆ ☆ ☆

AMBIENTE ☆ ☆ ☆ ☆ ☆

GESCHMACK ☆ ☆ ☆ ☆ ☆

PREIS/LEISTUNG ☆ ☆ ☆ ☆ ☆

NOCHMAL? ○ **ja** ○ **nein**

Kunsthalle Wien

1070 WIEN, MUSEUMSQUARTIER,
MUSEUMSPLATZ 1, 01 521 890,
KUNSTHALLEWIEN.AT

Dich juckt's nach Neuem, Experimentellem, noch nie Dagewesenem? Dann ab in die Kunsthalle Wien, denn hier ist die internationale Gegenwartskunst zuhause. Werke zeitgenössischer Artists machen gesellschaftliche und gesellschaftspolitische Zusammenhänge erfahrbar und laden zum Nachdenken, Fühlen und Mitmachen ein. Für Kunstlovers und Neugierige.

Schau nach deinem MQ-Besuch doch auch zum zweiten Standort am Karlsplatz!

1+1

Eintritt in die Kunsthalle Wien

Einlösbar bis 31.3.2025

1000 THINGS

Dein Erlebnis:

Kunsthalle Wien

Der Voucher ist an der Kassa der Kunsthalle Wien Museumsquartier von Dienstag bis Sonntag zwischen 11 und 19 Uhr einlösbar. Einlösbar von 1.12.2023 bis 31.3.2025. Es gelten die Einlösebedingungen des 1000things Erlebnisbuchs.

Du brauchst noch mehr Infos? Hier geht's zur Website!

1000 THINGS

1000things.at/erlebnisbuch

Viel Spaß bei diesem *Erlebnis!*

Der Voucher ist an der Kassa der Kunsthalle Wien Museumsquartier von Dienstag bis Sonntag zwischen 11 und 19 Uhr einlösbar. Einlösbar von 1.12.2023 bis 31.3.2025. Es gelten die Einlösebedingungen des 1000things Erlebnisbuchs.

So war's in der *Kunsthalle Wien*

Ich war dort mit:

DATUM:

Mein Wow-Moment:

MEIN PERSÖNLICHES HIGHLIGHT:

Ich möchte mehr wissen/lernen über:

Sternebewertung:

SERVICE ☆☆☆☆☆

WISSEN ☆☆☆☆☆

UNTERHALTUNG ☆☆☆☆☆

PREIS/LEISTUNG ☆☆☆☆☆

NOCHMAL? ○ **ja** ○ **nein**

Café Trabant

1180 WIEN, DITTESGASSE 3,
01 890 00 41, IG: @CAFETRABANT

Simon Moser, ehemaliger Journi, und Magali Castan, ehemals Kellnerin der Disco Volante, gründeten 2018 eines der wohl gemütlichsten Plätzchen von Währing. Das Café Trabant begeistert mit stilvoll-rustikaler Einrichtung und vor allem: fantastischen Flammkuchen, auch veganen. Der Dinkelteig ist hausgemacht, der Belag in sechs Varianten wählbar. Dazu gibt's Craftbeer und Gin Tonics.

Psst: Jeden ersten Montag im Monat verwandelt sich das Trabant von 18 bis 21 Uhr in ein Reparatur-Café!

1+1 Flammkuchen gratis

Einlösbar bis 31.3.2025

1000 THINGS

Dein Erlebnis:

Café Trabant

Gültig für alle erhältlichen Flammkuchen. Einlösbar von Montag bis Donnerstag von 1.12.2023 bis 31.3.2025. Es gelten die Einlösebedingungen des 1000things Erlebnisbuchs.

Du brauchst noch mehr Infos? Hier geht's zur Website!

1000 THINGS

1000things.at/erlebnisbuch

Viel Spaß bei diesem *Erlebnis!*

Gültig für alle erhältlichen Flammkuchen. Einlösbar von Montag bis Donnerstag von 1.12.2023 bis 31.3.2025. Es gelten die Einlösebedingungen des 1000things Erlebnisbuchs.

So war's im *Café Trabant*

Ich war dort mit:

DATUM:

Drink des Besuchs:

WEIN

Gericht des Besuchs:

MEIN PERSÖNLICHES HIGHLIGHT:

Sternebewertung:

SERVICE ☆ ☆ ☆ ☆ ☆
AMBIENTE ☆ ☆ ☆ ☆ ☆
GESCHMACK ☆ ☆ ☆ ☆ ☆
PREIS/LEISTUNG ☆ ☆ ☆ ☆ ☆

NOCHMAL? ○ **ja** ○ **nein**

BASSENA Hotel

1020 WIEN, MESSESTRASSE 2,
01 727 27, BASSENAHOTELS.COM

Früher traf man sich im Stiegenhaus zum sogenannten Bassenatratsch. Heute geht man dafür in eines der beiden quirlig-schicken und zugleich gemütlichen BASSENA Hotels in Wien. Direkt im urbanen Dschungel der Leopoldstadt beim Wurstelprater gelegen, kannst du im Hotel BASSENA Wien Messe Prater so richtig gut und ausgiebig frühstücken, quatschen und den Trubel Trubel sein lassen.

Bleib ruhig länger sitzen: Die Küche des BASSENA ist Café, Bistro und Bar in einem.

1+1 Frühstück gratis

Einlösbar bis 31.3.20

1000 THINGS

Dein Erlebnis:

BASSENA Hotel

Der Voucher bezieht sich ausschließlich auf das Frühstücksbuffet im BASSENA Wien Messe Prater für zwei Personen. Einzulösen von Montag bis Sonntag & feiertags von 6.30 bis 10.30 Uhr, vorbehaltlich möglicher Änderungen der Öffnungszeiten. Einlösbar von 1.12.2023 bis 31.3.2025. Es gelten die Einlösebedingungen des 1000things Erlebnisbuchs.

Du brauchst noch mehr Infos? Hier geht's zur Website!

1000 THINGS

1000things.at/erlebnisbuch

Viel Spaß bei diesem *Erlebnis!*

Der Voucher bezieht sich ausschließlich auf das Frühstücksbuffet im BASSENA Wien Messe Prater für zwei Personen. Einzulösen von Montag bis Sonntag & feiertags von 6.30 bis 10.30 Uhr, vorbehaltlich möglicher Änderungen der Öffnungszeiten. Einlösbar von 1.12.2023 bis 31.3.2025. Es gelten die Einlösebedingungen des 1000things Erlebnisbuchs.

So war's im *BASSENA Hotel*

Ich war dort mit:

DATUM:

Highlight:

MEIN WOW-MOMENT:

Anlass des Aufenthalts:

Sternebewertung:

SERVICE ☆ ☆ ☆ ☆ ☆

AMBIENTE ☆ ☆ ☆ ☆ ☆

SCHLAFCOMFORT ☆ ☆ ☆ ☆ ☆

PREIS/LEISTUNG ☆ ☆ ☆ ☆ ☆

NOCHMAL? ○ **ja** ○ **nein**

WerkWerk

1090 WIEN, ZIMMERMANNGASSE 1A/1,
0677 621 650 38, WERKWERK.AT

Schon beim Vorbeigehen bleibt das Auge an den traumhaften Keramiken des WerkWerk haften: In der offenen Werkstatt am Alsergrund kannst du deine Fingerfertigkeit am Ton testen und deiner Kreativität freien Lauf lassen. Was daraus entsteht? Nicht zu viel nachdenken, einfach machen und die Form entstehen lassen!

Alle Grundlagen und Tipps gibt's vor Ort. Der 1+1-Voucher gilt für alle Folgestunden nach dem Starterkurs.

1+1 *gratis:* 2 Stunden Töpfern

Einlösbar bis 31.3.2025

1000 THINGS

Dein Erlebnis:

WerkWerk

Einlösbar fürs Open-Class-Töpfern, an der Töpferscheibe sowie für Aufbautechniken nach Reservierung auf der Website. Nicht einlösbar für den Starterkurs. Einlösbar von 1.12.2023 bis 31.3.2025. Es gelten die Einlösebedingungen des 1000things Erlebnisbuchs.

Du brauchst noch mehr Infos? Hier geht's zur Website!

1000 THINGS

1000things.at/erlebnisbuch

Viel Spaß bei diesem *Erlebnis!*

Einlösbar fürs Open-Class-Töpfern, an der Töpferscheibe sowie für Aufbautechniken nach Reservierung auf der Website. Nicht einlösbar für den Starterkurs. Einlösbar von 1.12.2023 bis 31.3.2025. Es gelten die Einlösebedingungen des 1000things Erlebnisbuchs.

So war's im *WerkWerk*

Ich war dort mit:

DATUM:

Mein Wow-Moment:

WEIN

MEIN PERSÖNLICHES HIGHLIGHT:

Ich möchte mehr wissen/lernen über:

Sternebewertung:

SERVICE ☆☆☆☆☆
ERLERNTES ☆☆☆☆☆
UNTERHALTUNG ☆☆☆☆☆
PREIS/LEISTUNG ☆☆☆☆☆

NOCHMAL? ○ **ja** ○ **nein**

First Escape

1010 WIEN, HIMMELPFORTGASSE 17,
KELLER, 01 512 24 79, FIRSTESCAPE.AT

Bock auf Abenteuer, Adrenalin und Ausbruch-Challenge unter Einsatz sämtlicher Gehirnzellen? Yes, please! Hinter der Tür der Himmelpfortgasse 17 warten keine samtenen Möbel Altwiener Kaffeehäuser auf dich, sondern Rätsel, Teamwork und Nervenkitzel. Eine Stunde hast du mit deinen Liebsten Zeit, um dem schrecklichen König sein Drachenei zu stehlen. 60 Minuten, die fix in Erinnerung bleiben.

Mit einer Schwierigkeit von 3/5 ist THE CASTLE perfekt für alle Knobelfreaks, ob Neuling oder alter Rätselhase.

2+2 ODER 3+3

gratis: Voucher für das Abenteuer THE CASTLE bei First Escape

Einlösbar bis 31.3.2025

1000 THINGS

Dein Erlebnis:

First Escape

Gültig für das Abenteuer THE CASTLE bei First Escape. Ein Gutschein pro Besuch gültig und am Spieltag vor Beginn abzugeben. Zur Einlösung ein 2-Personen-Abenteuer auf der Website buchen und am Spieltag zu viert kommen (oder für drei Personen buchen und zu sechst kommen). Nicht anwendbar auf 1+1 Personen. Keine Barablöse. Einlösbar von 1.12.2023 bis 31.3.2025. Es gelten die Einlösebedingungen des 1000things Erlebnisbuchs.

Du brauchst noch mehr Infos? Hier geht's zur Website!

1000 THINGS

1000things.at/erlebnisbuch

Viel Spaß bei diesem *Erlebnis!*

Gültig für das Abenteuer THE CASTLE bei First Escape. Ein Gutschein pro Besuch gültig und am Spieltag vor Beginn abzugeben. Zur Einlösung ein 2-Personen-Abenteuer auf der Website buchen und am Spieltag zu viert kommen (oder für drei Personen buchen und zu sechst kommen). Nicht anwendbar auf 1+1 Personen. Keine Barablöse. Einlösbar von 1.12.2023 bis 31.3.2025. Es gelten die Einlösebedingungen des 1000things Erlebnisbuchs.

So war's bei *First Escape*

Ich war dort mit:

DATUM:

Mein Wow-Moment:

MEIN PERSÖNLICHES HIGHLIGHT:

Ich möchte mehr wissen/lernen über:

Sternebewertung:

SERVICE ☆☆☆☆☆
SPANNUNG ☆☆☆☆☆
UNTERHALTUNG ☆☆☆☆☆
PREIS/LEISTUNG ☆☆☆☆☆

NOCHMAL? ○ **ja** ○ **nein**

fritz von stuwer

1020 WIEN, SEBASTIAN-KNEIPP-GASSE 2, 0676 440 88 43, FRITZVONSTUWER.AT

Eigentlich sollte es nicht „ein Herz und eine Seele“, sondern „ein Herz und ein Retro-Soul-Jazz-Gin-Lokal im Stuwerviertel“ heißen. Denn hier ist nicht nur die Crowd voller Esprit, sondern jeder Winkel des neu belebten Gasthauses, das vor Herzlichkeit und Siebzigerjahre-Charme nur so strahlt. Ideale Adresse für einen ausgiebigen Cocktailabend mit Schanigarten.

Es! Gibt! Einen! 1000things! Cocktail! Nuff said.

1+1

gratis: 1000things Cocktail

Einlösbar bis 31.3.2025

1000 THINGS

Dein Erlebnis:

fritz von stuwer

Einlösbar von 1.12.2023 bis 31.3.2025. Es gelten die Einlösebedingungen des 1000things Erlebnisbuchs.

Du brauchst noch mehr Infos? Hier geht's zur Website!

1000 THINGS

1000things.at/erlebnisbuch

Viel Spaß bei diesem *Erlebnis!*

Einlösbar von 1.12.2023 bis 31.3.2025. Es gelten die Einlösebedingungen des 1000things Erlebnisbuchs.

So war's bei *fritz von stuwer*

Ich war dort mit:

DATUM:

Drink des Besuchs:

Gericht des Besuchs:

MEIN PERSÖNLICHES HIGHLIGHT:

Sternebewertung:

SERVICE ☆☆☆☆☆

AMBIENTE ☆☆☆☆☆

GESCHMACK ☆☆☆☆☆

PREIS/LEISTUNG ☆☆☆☆☆

NOCHMAL? ○ **ja** ○ **nein**

Wrapstars

1060 WIEN, NELKENGASSE 1,
0664 247 32 63, WRAPSTARS.AT

„Real food, no bullshit" lautet das Motto im Hause des gerollten Glücks. Ob Wraps, Burritos, Bowls oder Salate: Hier ist alles immer frisch und bevorzugt biologisch-regional. Wer das Treiben in Mariahilf beobachten will, setzt sich raus in den süßen Schanigarten und gönnt sich bei Feierabend-Stimmung ein Glaserl Naturwein dazu.

Kleine Insider-Info: Die Wrapstars sind Haus- und Hof-Wrap-Lieferant des 1000things Burggassen-Office. Und wir lieben's.

So war's bei *Wrapstars*

Ich war dort mit:

DATUM:

Drink des Besuchs:

Gericht des Besuchs:

MEIN PERSÖNLICHES HIGHLIGHT:

Sternebewertung:

SERVICE ☆ ☆ ☆ ☆ ☆
AMBIENTE ☆ ☆ ☆ ☆ ☆
GESCHMACK ☆ ☆ ☆ ☆ ☆
PREIS/LEISTUNG ☆ ☆ ☆ ☆ ☆

NOCHMAL? ○ **ja** ○ **nein**

Gugumuck

1100 WIEN, ROSIWALGASSE 44,
0676 365 36 43, GUGUMUCK.COM

Wie wohl Schnecken schmecken? Beim Familienbetrieb von Visionär und Gründer Andreas Gugumuck kannst du's herausfinden: In Rothneusiedl im zehnten Bezirk wachsen die kleinen Kriecher ressourcenschonend und in Freilandhaltung auf, bevor sie zu kulinarischen Gerichten verarbeitet werden. Eine spannende Führung erwartet dich – Schneckenverkostung und Glaserl Wein inklusive.

Vor Ort gibt's ein tolles Hof-Bistro, wo euch Küchenchef Jürgen Winter köstliche Schneckengerichte zaubert.

1+1 **gratis:** Führung inkl. Schneckenverkostung und ein Glas Wein

Einlösbar bis 31.3.2025

1000 THINGS

Dein Erlebnis:

Gugumuck

Anmeldung erforderlich. Termine und Buchung auf der Website. Einlösbar von 1.12.2023 bis 31.3.2025. Es gelten die Einlösebedingungen des 1000things Erlebnisbuchs.

Du brauchst noch mehr Infos? Hier geht's zur Website!

1000 THINGS

1000things.at/erlebnisbuch

Viel Spaß bei diesem *Erlebnis!*

Anmeldung erforderlich. Termine und Buchung auf der Website. Einlösbar von 1.12.2023 bis 31.3.2025. Es gelten die Einlösebedingungen des 1000things Erlebnisbuchs.

So war's bei *Gugumuck*

Ich war dort mit:

DATUM:

Mein Wow-Moment:

MEIN PERSÖNLICHES HIGHLIGHT:

Ich möchte mehr wissen/lernen über:

Sternebewertung:

SERVICE	☆ ☆ ☆ ☆ ☆
WISSEN	☆ ☆ ☆ ☆ ☆
UNTERHALTUNG	☆ ☆ ☆ ☆ ☆
PREIS/LEISTUNG	☆ ☆ ☆ ☆ ☆

NOCHMAL? ○ **ja** ○ **nein**

Hotel Indigo
Vienna-Naschmarkt

1050 WIEN, RECHTE WIENZEILE 87,
01 890 93 73,
HOTELINDIGO.COM/VIENNA

Du bekommst Besuch oder willst die Wiener City mal aus Touri-Perspektive erleben? Dann drück dich doch in dieser 4-Sterne-Designperle im 5. Bezirk in die Daunen, nachdem du der Stadt von deinem Privatbalkon aus beim Einschlafen zugeschaut hast. Am Morgen gibt's dann ein umfangreiches wie phänomenales Frühstück im Pigment- Restaurant & Bar für pure Urlaubsstimmung.

Das 2022 eröffnete Indigo ist ein urbanes Trendhotel im Secret-Garden-Style und ein richtiges Augenzuckerl.

20% auf eine Übernachtung mit Frühstück im Hotel Indigo Vienna Naschmarkt inkl. Upgrade auf ein Balkonzimmer

Einlösbar bis 31.3.2025

1000 THINGS

Dein Erlebnis:

Hotel Indigo *Vienna-Naschmarkt*

Reservierung via reservation@indigo-vienna.at unter Angabe des Vouchers notwendig. Voucher gültig für die aktuelle Tagesrate inklusive Frühstück. Reservierung abhängig von Verfügbarkeit. Voucher ist beim Check-in vorzuweisen. Einlösbar von 1.12.2023 bis 31.3.2025. Es gelten die Einlösebedingungen des 1000things Erlebnisbuchs.

Du brauchst noch mehr Infos? Hier geht's zur Website!

1000 THINGS

1000things.at/erlebnisbuch

Viel Spaß bei diesem *Erlebnis!*

Reservierung via reservation@indigo-vienna.at unter Angabe des Vouchers notwendig. Voucher gültig für die aktuelle Tagesrate inklusive Frühstück. Reservierung abhängig von Verfügbarkeit. Voucher ist beim Check-in vorzuweisen. Einlösbar von 1.12.2023 bis 31.3.2025. Es gelten die Einlösebedingungen des 1000things Erlebnisbuchs.

So war's im *Hotel Indigo*

Ich war dort mit:

DATUM:

Highlight:

MEIN WOW-MOMENT:

Anlass des Aufenthalts:

Sternebewertung:

SERVICE ☆☆☆☆☆
AMBIENTE ☆☆☆☆☆
SCHLAFCOMFORT ☆☆☆☆☆
PREIS/LEISTUNG ☆☆☆☆☆

NOCHMAL? ○ **ja** ○ **nein**

Silent Disco Austria

EVENTS IN GANZ ÖSTERREICH,
0664 148 25 79, SILENTDISCO.AT

Und, was bringt dich so in Stimmung? Bei den Silent-Disco-Events schnappst du dir vor Ort kabellose Kopfhörer und kannst selbst entscheiden, zu welchen Sounds du lieber Hüfte, Tanzbein und sowieso alle Gliedmaßen schwingst. Switch zwischen zwei Channels und geh ab zu House, Electro, Hip-Hop, Indie, 80s, 90s, oder, oder, oder. It's up to you!

Nur das Beste für die Lauscher: Bei der Silent Disco können alle hören, was sie wollen.

© Foto: Silent Disco Austria

1+1

Eintritt zur Silent Disco

Einlösbar bis 31.3.2025

1000 THINGS

Dein Erlebnis:

Silent Disco Austria

Der Voucher gilt österreichweit für alle Silent Disco Austria Eigenveranstaltungen und ist jeweils an der Abendkassa einlösbar. Eigenveranstaltungen sind Veranstaltungen, die nicht mit „Booking" im Veranstaltungskalender unter www.silentdisco.at/events-tickets markiert sind. Die Veranstaltungsreihe „Silent Disco Beachtour" ist vom Geltungsbereich des Vouchers ausdrücklich ausgenommen. Keine Barablöse möglich. Einlösbar von 1.12.2023 bis 31.3.2025. Es gelten die Einlösebedingungen des 1000things Erlebnisbuchs.

Du brauchst noch mehr Infos? Hier geht's zur Website!

1000 THINGS

1000things.at/erlebnisbuch

Viel Spaß bei diesem *Erlebnis!*

Der Voucher gilt österreichweit für alle Silent Disco Austria Eigenveranstaltungen und ist jeweils an der Abendkassa einlösbar. Eigenveranstaltungen sind Veranstaltungen, die nicht mit „Booking" im Veranstaltungskalender unter www.silentdisco.at/events-tickets markiert sind. Die Veranstaltungsreihe „Silent Disco Beachtour" ist vom Geltungsbereich des Vouchers ausdrücklich ausgenommen. Keine Barablöse möglich. Einlösbar von 1.12.2023 bis 31.3.2025. Es gelten die Einlösebedingungen des 1000things Erlebnisbuchs.

So war's bei *Silent Disco Austria*

Ich war dort mit:

DATUM:

Mein Lieblingssong des Abends:

WEIN

Den Abend zu etwas Besonderem gemacht hat:

MEIN PERSÖNLICHES HIGHLIGHT:

Sternebewertung:

STIMMUNG ☆ ☆ ☆ ☆ ☆
SPASS ☆ ☆ ☆ ☆ ☆
MUSIK ☆ ☆ ☆ ☆ ☆
PREIS/LEISTUNG ☆ ☆ ☆ ☆ ☆

NOCHMAL? ○ **ja** ○ **nein**

Eissalon Trento Bortolotti

1220 WIEN, SCHÜTTAUPLATZ 2,
01 263 36 77, TRENTO.AT

Eis mit einer Extraportion Amore: Die Familie Bortolotti vom Gardasee stellt seit Generationen Gelato der feinsten Klasse her und hat inzwischen die geballte Erfahrung italienischer Gefrorenen-Tradition nach Kaisermühlen verfrachtet. Hingabe und Leidenschaft sind übrigens zwei weitere Geheimzutaten, die nicht nur im Heiße-Liebe-Coup zu finden sind. Geöffnet von Anfang März bis Ende September.

Gönn dir die limitierten Wochensorten oder den ausgefallenen Coup des Monats.

1+1

gratis:
1 Coup deiner Wahl + den gleichen Coup gratis dazu

Einlösbar bis 31.3.2025

1000 THINGS

Dein Erlebnis:

Eissalon Trento Bortolotti

Bei Bestellung eines Coups ab 7 Euro bekommt man den gleichen Coup noch einmal gratis dazu. Voucher nur einlösbar während der Öffnungszeiten von Anfang März bis Ende September 2024. Es gelten die Einlösebedingungen des 1000things Erlebnisbuchs.

Du brauchst noch mehr Infos? Hier geht's zur Website!

1000 THINGS

1000things.at/erlebnisbuch

Viel Spaß bei diesem *Erlebnis!*

Bei Bestellung eines Coups ab 7 Euro bekommt man den gleichen Coup noch einmal gratis dazu. Voucher nur einlösbar während der Öffnungszeiten von Anfang März bis Ende September 2024. Es gelten die Einlösebedingungen des 1000things Erlebnisbuchs.

So war's im *Eissalon Trento Bortolotti*

Ich war dort mit:

DATUM:

Drink des Besuchs:

Gericht des Besuchs:

MEIN PERSÖNLICHES HIGHLIGHT:

Sternebewertung:

SERVICE ☆ ☆ ☆ ☆ ☆
AMBIENTE ☆ ☆ ☆ ☆ ☆
GESCHMACK ☆ ☆ ☆ ☆ ☆
PREIS/LEISTUNG ☆ ☆ ☆ ☆ ☆

NOCHMAL? ○ **ja** ○ **nein**

ArchäoNOW

1010 WIEN, SPIEGELGASSE 23,
01 512 38 05, ARCHAEO-NOW.COM

Bei ArchäoNOW kannst du spannende Rätselrallyes unternehmen und dabei in die geheimnisvolle Geschichte von Wien eintauchen. Ausgestattet mit Spielbogen, Karte und Briefumschlägen wandelst du durch Gassen, blickst hinter Fassaden sagenumwobener Gebäude und begibst dich auf interaktive Spurensuche in die Innenstadt.

Egal ob jung, junggeblieben, Pärchen oder Familie: Es gibt Rätselrallyes ganz oldschool auf Papier oder sogar mit Augmented Reality.

© Foto: Elisabeth Hillinger

1+1

gratis: Ticket für eine Rätselralley

Einlösbar bis 31.3.2025

1000 THINGS

Dein Erlebnis:

ArchäoNOW

Der Voucher kann einmalig für ein weiteres Ticket zu einem der Termine im Onlineshop unter archaeo-now.com/buchung/termine verwendet werden. Zur Einlösung buche einfach ein oder mehrere Tickets und schreibe dabei im Kommentarfeld, dass du den 1000things Erlebnisbuch Voucher für ein weiteres Ticket vor Ort mitbringst. Den Voucher musst du dann zu Spielbeginn bei unserer Rallye-Leitung abgeben. Einlösbar von 1.12.2023 bis 31.3.2025. Es gelten die Einlösebedingungen des 1000things Erlebnisbuchs.

Du brauchst noch mehr Infos? Hier geht's zur Website!

So war's bei *ArchäoNOW*

1000 THINGS

1000things.at/erlebnisbuch

Viel Spaß bei diesem *Erlebnis!*

Der Voucher kann einmalig für ein weiteres Ticket zu einem der Termine im Onlineshop unter archaeo-now.com/buchung/termine verwendet werden. Zur Einlösung buche einfach ein oder mehrere Tickets und schreibe dabei im Kommentarfeld, dass du den 1000things Erlebnisbuch Voucher für ein weiteres Ticket vor Ort mitbringst. Den Voucher musst du dann zu Spielbeginn bei unserer Rallye-Leitung abgeben. Einlösbar von 1.12.2023 bis 31.3.2025. Es gelten die Einlösebedingungen des 1000things Erlebnisbuchs.

Ich war dort mit:

DATUM:

Mein Wow-Moment:

WEIN

MEIN PERSÖNLICHES HIGHLIGHT:

Ich möchte mehr wissen/lernen über:

Sternebewertung:

SERVICE ☆ ☆ ☆ ☆ ☆

WISSEN ☆ ☆ ☆ ☆ ☆

UNTERHALTUNG ☆ ☆ ☆ ☆ ☆

PREIS/LEISTUNG ☆ ☆ ☆ ☆ ☆

NOCHMAL? ○ **ja** ○ **nein**

SiL

1010 WIEN, BABENBERGERSTRASSE 5,
SIL.WIEN

Coffee, breakfast & more ist das Motto des SiL – was übrigens Ukrainisch ist und Salz bedeutet. Warum Salz? Weil es für die Liebe zum Essen steht, meint Mykola Antonishen, der das Lokal 2023 eröffnete, nachdem es einst ein Souvenirshop gewesen war. Seither gibt es hier statt Schneekugeln mit Riesenradmotiv internationale Küche, die einen ins Staunen versetzt.

Für alle mit dauerhungrigen Vierbeinern: Im SiL gibt es ein spezielles Hundemenü!

1+1
Speise gratis

Einlösbar bis 31.3.2025

1000 THINGS

Dein Erlebnis:

SiL

Der Voucher-Inhalt bezieht sich auf Speisen unter 17 Euro. Einlösbar von Dienstag bis Sonntag zwischen 14 Uhr und 18 Uhr. Einlösbar von 1.12.2023 bis 31.3.2025. Es gelten die Einlösebedingungen des 1000things Erlebnisbuchs.

Du brauchst noch mehr Infos? Hier geht's zur Website!

1000 THINGS

1000things.at/erlebnisbuch

Viel Spaß bei diesem *Erlebnis!*

Der Voucher-Inhalt bezieht sich auf Speisen unter 17 Euro. Einlösbar von Dienstag bis Sonntag zwischen 14 Uhr und 18 Uhr. Einlösbar von 1.12.2023 bis 31.3.2025. Es gelten die Einlösebedingungen des 1000things Erlebnisbuchs.

So war's im *SiL*

Ich war dort mit:

DATUM:

Drink des Besuchs:

Gericht des Besuchs:

MEIN PERSÖNLICHES HIGHLIGHT:

Sternebewertung:

SERVICE ☆☆☆☆☆

AMBIENTE ☆☆☆☆☆

GESCHMACK ☆☆☆☆☆

PREIS/LEISTUNG ☆☆☆☆☆

NOCHMAL? ○ **ja** ○ **nein**

Knödel Manufaktur

1080 WIEN, JOSEFSTÄDTER STRASSE 89,
0690 102 640 70,
WILLSTDUMITMIRKNOEDELN.AT

Knödelliebe und nichts als Knödelliebe: Die handgefertigten Kugeln aus Erdäpfelteig sind einfach der pure Himmel. Es gleicht schon einer Sinnkrise, sich hier entscheiden zu müssen: Auf süß machen und mit Nougatfüllung schnabulieren? Oder doch eher die pikante Linie fahren und Spinat-Schafkäse aufgabeln? Zum Glück ist die Knödel Manufaktur ja jeden Tag geöffnet.

Wer sich auf eine Füllung versteift,
verpasst was – lieber durchprobieren!

So war's in der *Knödel Manufaktur*

Ich war dort mit:

DATUM:

Drink des Besuchs:

Gericht des Besuchs:

MEIN PERSÖNLICHES HIGHLIGHT:

Sternebewertung:

SERVICE ☆☆☆☆☆
AMBIENTE ☆☆☆☆☆
GESCHMACK ☆☆☆☆☆
PREIS/LEISTUNG ☆☆☆☆☆

NOCHMAL? ○ **ja** ○ **nein**

Jaz in the City Vienna

1060 WIEN, WINDMÜHLGASSE 28,
01 253 006 10, WWW.HREWARDS.COM/
DE/JAZ-IN-THE-CITY-VIENNA

Ein Hotel, das den coolen Flair des sechsten Bezirks, die Liebe zur Musik und eine grandiose Aussicht über die Stadt verbindet. In der hippen Rhythms Bar & Kitchen wird zu frischen Beats gekocht und in der Rooftop-Bar Mariatrink warten Panoramablicke, Drinks und Elektrosounds auf dich. Den Voucher kannst du in beiden Restaurants einlösen.

Unser Highlight: Der atemberaubende Blick von der Rooftop-Bar über die Dächer der Stadt.

1+1
gratis:
2-Gänge-Menü inkl. zwei Gläser Hauswein

Einlösbar bis 31.3.2025

1000 THINGS

Dein Erlebnis:
Jaz in the City Vienna

Einlösbar von 1.12.2023 bis 31.3.2025. Es gelten die Einlösebedingungen des 1000things Erlebnisbuchs.

Du brauchst noch mehr Infos? Hier geht's zur Website!

1000 THINGS

1000things.at/erlebnisbuch

Viel Spaß bei diesem *Erlebnis!*

Einlösbar von 1.12.2023 bis 31.3.2025. Es gelten die Einlösebedingungen des 1000things Erlebnisbuchs.

So war's bei *Jaz in the City Vienna*

Ich war dort mit:

DATUM:

Drink des Besuchs:

Gericht des Besuchs:

MEIN PERSÖNLICHES HIGHLIGHT:

Sternebewertung:

SERVICE ☆☆☆☆☆
AMBIENTE ☆☆☆☆☆
GESCHMACK ☆☆☆☆☆
PREIS/LEISTUNG ☆☆☆☆☆

NOCHMAL? ○ **ja** ○ **nein**

Ottakringer Brauerei

1160 WIEN, OTTAKRINGER PLATZ 1,
01 491 000, OTTAKRINGERBRAUEREI.AT

Du trinkst nicht nur gerne das eine oder andere Feierabendbiertschi, sondern interessierst dich auch dafür, wie dein Ottakringer gebraut wird? Mit diesem Voucher drehst du eine Ehren- bzw. Ährenrunde in der Brauerei im 16. Bezirk und kannst nach der einstündigen Führung verschiedene Biersorten probieren.

Behind the scenes: Wirf einen Blick hinter die Kulissen der Craftbierkammer und der hippen Kleinbrauerei, dem Ottakringer BrauWerk.

1+1

Ticket für die Brauereiführung Ottakringer Ährenrunde

Einlösbar bis 31.3.2025

1000 THINGS

Dein Erlebnis:

Ottakringer Brauerei

Einlösbar nur auf die Brauereiführung Ottakringer Ährenrunde. Buchbar online unter bier.at. Bring deinen Voucher zum Führungstermin mit und die 2. Person nimmt kostenlos teil. Um Vorankündigung per E-Mail an fuehrungen@ottakringer.at wird gebeten. Einlösbar von 1.12.2023 bis 31.3.2025. Es gelten die Einlösebedingungen des 1000things Erlebnisbuchs.

Du brauchst noch mehr Infos? Hier geht's zur Website!

1000 THINGS

1000things.at/erlebnisbuch

Viel Spaß bei diesem *Erlebnis!*

Einlösbar nur auf die Brauereiführung Ottakringer Ährenrunde. Buchbar online unter bier.at. Bring deinen Voucher zum Führungstermin mit und die 2. Person nimmt kostenlos teil. Um Vorankündigung per E-Mail an fuehrungen@ottakringer.at wird gebeten. Einlösbar von 1.12.2023 bis 31.3.2025. Es gelten die Einlösebedingungen des 1000things Erlebnisbuchs.

So war's in der *Ottakringer Brauerei*

Ich war dort mit:

DATUM:

Mein Wow-Moment:

MEIN PERSÖNLICHES HIGHLIGHT:

Ich möchte mehr wissen/lernen über:

Sternebewertung:

SERVICE ☆☆☆☆☆

WISSEN ☆☆☆☆☆

UNTERHALTUNG ☆☆☆☆☆

PREIS/LEISTUNG ☆☆☆☆☆

NOCHMAL? ○ **ja** ○ **nein**

WILDLING

Restaurant – Bar

1080 WIEN, LAUDONGASSE 8,
+43 664 105 97 89, WILDLING-FOODS.AT

Du bist Fan von Fingerfood und Schmankerln zum Teilen? Im WILDLING bestellst du dir Tapas mit eingelegtem Gemüse, Rucola-Gnocchi oder Fleisch und probierst dich durch die exklusive Weinkarte. Auch toll: Im hauseigenen Event Keller kann auch gefeiert werden!

Auf dem Teller landen ausschließlich Zutaten von Kleinlandwirt*innen aus der Region, die man hier persönlich kennt. Lieben wir!

DER GÜNS-TIGSTE HAPPEN

+ ein Dessert

Einlösbar bis 31.3.2025

Dein Erlebnis:

WILDLING

Restaurant – Bar

Einlösbar zu den Öffnungszeiten von 1.12.2023 bis 31.3.2025.
Es gelten die Einlösebedingungen des 1000things Erlebnisbuchs.

Du brauchst noch mehr Infos? Hier geht's zur Website!

1000 THINGS

1000things.at/erlebnisbuch

Viel Spaß bei diesem *Erlebnis!*

Einlösbar zu den Öffnungszeiten von 1.12.2023 bis 31.3.2025.
Es gelten die Einlösebedingungen des 1000things Erlebnisbuchs.

So war's im *WILDLING Restaurant – Bar*

Ich war dort mit:

DATUM:

Drink des Besuchs:

Gericht des Besuchs:

MEIN PERSÖNLICHES HIGHLIGHT:

Sternebewertung:

SERVICE

AMBIENTE

GESCHMACK

PREIS/LEISTUNG

NOCHMAL? ○ **ja** ○ **nein**

mozart&meisl

1190 WIEN, GYMNASIUMSTRASSE 62,
0676 767 46 08, MOZART-MEISL.AT

In Döbling kannst du nicht nur schöne Spazierpfade erkunden und vom schönen Leben träumen. Nein, du kannst hier natürlich auch richtig fein schmausen. Das moderne Beisl mozart&meisl serviert hervorragende Hausmannskost und klassische Wiener Gerichte sowie Bowls und Burger, die zum ausgiebigen Schlemmen einladen.

Die saisonalen Speisen wie Gansl und die über hundert verschiedenen Weine sind hier richtig einladend.

© Foto: mozart&meisl

So war's bei *mozart&meisl*

Ich war dort mit:

DATUM:

Drink des Besuchs:

WEIN

Gericht des Besuchs:

MEIN PERSÖNLICHES HIGHLIGHT:

Sternebewertung:

SERVICE ☆☆☆☆☆
AMBIENTE ☆☆☆☆☆
GESCHMACK ☆☆☆☆☆
PREIS/LEISTUNG ☆☆☆☆☆

NOCHMAL? ◯ **ja** ◯ **nein**

Schlumberger Kellerwelten

1190 WIEN, HEILIGENSTÄDTER STRASSE 39, 01 368 225 8631, SCHLUMBERGER.AT/DE/KELLERWELTEN

Du willst wissen, was es mit der Méthode Traditionnelle auf sich hat, nach der alle Sekte von Schlumberger hergestellt werden? Dann tauch im 19. Bezirk in die Schlumberger Kellerwelten ein und erfahre, wie Tradition und Innovation damals wie heute gelebt werden. Abgerundet wird die Tour mit einer Verkostung an der Kellerwelten-Bar.

Zusammen lässt es sich gleich besser anstoßen. Pack deinen liebsten Drinking Buddy ein und kommt zur Sparkling Tour nach Döbling.

© Foto: Philipp Lipiarski

1+1
Eintrittskarte Sparkling Tour gratis

Einlösbar bis 31.3.2025

1000 THINGS

Dein Erlebnis:

Schlumberger Kellerwelten

Der Voucher kann während den Öffnungszeiten der Schlumberger Kellerwelten für eine Kellerführung inklusive einem Glas Sparkling 0,1 L eingelöst werden. Einlösbar von 1.12.2023 bis 31.3.2025. Es gelten die Einlösebedingungen des 1000things Erlebnisbuchs.

Du brauchst noch mehr Infos? Hier geht's zur Website!

1000 THINGS

1000things.at/erlebnisbuch

Viel Spaß bei diesem *Erlebnis!*

Der Voucher kann während den Öffnungszeiten der Schlumberger Kellerwelten für eine Kellerführung inklusive einem Glas Sparkling 0,1 L eingelöst werden. Einlösbar von 1.12.2023 bis 31.3.2025. Es gelten die Einlösebedingungen des 1000things Erlebnisbuchs.

So war's bei *Schlumberger Kellerwelten*

Ich war dort mit:

DATUM:

Mein Wow-Moment:

WEIN

MEIN PERSÖNLICHES HIGHLIGHT:

Ich möchte mehr wissen/lernen über:

Sternebewertung:

SERVICE ☆ ☆ ☆ ☆ ☆
WISSEN ☆ ☆ ☆ ☆ ☆
UNTERHALTUNG ☆ ☆ ☆ ☆ ☆
PREIS/LEISTUNG ☆ ☆ ☆ ☆ ☆

NOCHMAL? ◯ **ja** ◯ **nein**

RIBELLI Restaurant

1070 WIEN, LERCHENFELDER STRASSE 1–3, 01 521 518 45, 25HOURS-HOTELS.COM/RESTAURANTS-BARS/WIEN/RIBELLI

Wenn du Gusto auf neapolitanische Pizzen sowie Antipasti-Platten hast, bist du im RIBELLI Restaurant goldrichtig. Im Erdgeschoss eines der wohl coolsten Hotels der Stadt – dem 25hours – öffnen sich hinter der Eingangstür die Pforten zu Neapel, Rom, Palermo und Co.
Buon appetito!

Lass dir vom Pizzaiolo einen duftenden neapolitanischen Traum sowie ein fluffiges Tiramisu auf den Teller zaubern.

EINE PIZZA DEINER WAHL

+ ein Tiramisu gratis

Einlösbar bis 31.3.2025

Dein Erlebnis:

RIBELLI Restaurant

Der Voucher ist nicht mit anderen Aktionen kombinierbar. Einlösbar von 1.12.2023 bis 31.3.2025. Es gelten die Einlösebedingungen des 1000things Erlebnisbuchs.

Du brauchst noch mehr Infos? Hier geht's zur Website!

1000 THINGS

1000things.at/erlebnisbuch

Viel Spaß bei diesem *Erlebnis!*

Der Voucher ist nicht mit anderen Aktionen kombinierbar. Einlösbar von 1.12.2023 bis 31.3.2025.
Es gelten die Einlösebedingungen des 1000things Erlebnisbuchs.

So war's im *RIBELLI Restaurant*

Ich war dort mit:

DATUM:

Drink des Besuchs:

Gericht des Besuchs:

MEIN PERSÖNLICHES HIGHLIGHT:

Sternebewertung:

SERVICE ☆ ☆ ☆ ☆ ☆
AMBIENTE ☆ ☆ ☆ ☆ ☆
GESCHMACK ☆ ☆ ☆ ☆ ☆
PREIS/LEISTUNG ☆ ☆ ☆ ☆ ☆

NOCHMAL? ○ **ja** ○ **nein**

Edelstoff – *Markt für junges Design*

1030 WIEN, MARX HALLE,
KARL-FARKAS-GASSE 19,
EDELSTOFF.OR.AT

Als fixer Stern unterm Designhimmel lässt sich der Markt für alternative Fashion und mehr keinesfalls aus dem Wiener Eventkalender wegdenken. Wenn du und deine Begleitung Lust auf kreative Designstücke abseits der Massenproduktion habt, seid ihr beim Edelstoff goldrichtig.

Rund 160 Aussteller*innen aus den Bereichen Mode, Accessoires, Schmuck, Kunst, Kosmetik, Kulinarik, Kids-und Produktdesign sowie eine 1.000m² große Street Food Area warten auf dich!

So war's beim *Edelstoff - Markt für junges Design*

Ich war dort mit:

DATUM:

Mein Wow-Moment:

MEIN PERSÖNLICHES HIGHLIGHT:

Ich habe mir gegönnt:

Sternebewertung:

SERVICE ☆☆☆☆☆
INSPIRATION ☆☆☆☆☆
UNTERHALTUNG ☆☆☆☆☆
PREIS/LEISTUNG ☆☆☆☆☆

NOCHMAL? ○ **ja** ○ **nein**

beef & glory. Steakerei

1080 WIEN, FLORIANIGASSE 35,
01 997 41 55, BEEFANDGLORY.AT/DE

Wer gemütlich in den Morgen starten will, kann sich beim Sonntagsbrunch Glory Egg Benedict, Original Philly Cheese Steak Sandwich, Brioche-Bananen-Toast, Pancakes und mehr schmecken lassen. Auch köstlich: die verschiedenen Steak-Varianten für Fleischtiger bei einem gemütlichen Dinner im achten Bezirk. Lieben wir!

Schmuckstück der beef & glory. Steakerei: Der amerikanische Southbend Griller, der dem Fleisch bei 1.000 Grad seine zarte Röstkruste verpasst.

Bei einem 3-Gang-Brunch Menü
ein Dessert gratis
sowie vom 1.5.2024 bis 31.8.2024
bei einer Steak-Konsumation
zwischen 17 und 18 Uhr
ein Beef Tartare gratis

Einlösbar bis 31.3.2025

1000 THINGS

Dein Erlebnis:

beef & glory. Steakerei

Glory Brunch: Bei einem 3-Gang-Menü geht das Dessert aufs Haus. Außerdem: Beef Tartare kostenlos von 1. Mai 2024 bis 31. August 2024 in Kombination mit einer Steak-Konsumation zwischen 17.00 und 18.00 Uhr.

Du brauchst noch mehr Infos? Hier geht's zur Website!

1000 THINGS

1000things.at/erlebnisbuch

Viel Spaß bei diesem *Erlebnis!*

Glory Brunch: Bei einem 3-Gang-Menü geht das Dessert aufs Haus. Außerdem: Beef Tartare kostenlos von 1. Mai 2024 bis 31. August 2024 in Kombination mit einer Steak-Konsumation zwischen 17.00 und 18.00 Uhr.

So war's bei *beef & glory. Steakerei*

Ich war dort mit:

DATUM:

Drink des Besuchs:

Gericht des Besuchs:

MEIN PERSÖNLICHES HIGHLIGHT:

Sternebewertung:

SERVICE ☆ ☆ ☆ ☆ ☆

AMBIENTE ☆ ☆ ☆ ☆ ☆

GESCHMACK ☆ ☆ ☆ ☆ ☆

PREIS/LEISTUNG ☆ ☆ ☆ ☆ ☆

NOCHMAL? ○ **ja** ○ **nein**

Crossfield's Australian Pub

1010 WIEN, MAYSEDERGASSE 5,
@CROSSFIELD_VIENNA,
CROSSFIELD.AT

Für eine Reise nach Down Under musst du nicht zwingend den Erdball umrunden, zumindest nicht für einen kulinarischen Ausflug. Feinstes australisches Essen kannst du dir mit deiner Begleitung auch im Crossfield's Australian Pub genehmigen und dich nicht nur durch saftige Burger, sondern auch Heuschrecken, Mehlwürmer und mehr kosten.

Falls du Lust auf ein ausgefallenes Geschmackserlebnis hast und deine To-eat-Liste abarbeiten willst: Das Känguru Steak oder den Känguru Burger solltest du echt mal probieren.

So war‘s im *Crossfield’s Australian Pub*

Ich war dort mit...

DATUM:

Drink des Besuchs:

Gericht des Besuchs:

MEIN PERSÖNLICHES HIGHLIGHT:

Sternebewertung:

SERVICE ☆☆☆☆☆
AMBIENTE ☆☆☆☆☆
GESCHMACK ☆☆☆☆☆
PREIS/LEISTUNG ☆☆☆☆☆

NOCHMAL? ○ **ja** ○ **nein**

Landtmann Das Bootshaus

1220 WIEN, AN DER UNTEREN ALTEN DONAU 61, @LANDTMANNDASBOOTS-HAUS, DASBOOTSHAUS.AT

Egal, ob Sommer oder Winter, drinnen oder draußen: Am Wasser ist's einfach immer schön. Pack deine Lieblingsmenschen ein und komm zum Bootshaus an der Alten Donau. Hier kannst du feines Essen aus der Bootshaus-Küche, coole Drinks an der Alten Donau, die schönste Aussicht weit und breit und Urlaubsfeeling pur 365 Tage im Jahr genießen!

Lust auf Calamari Fritti, Fish & Chips oder doch Pommes „Bobo Style"? Egal, wofür du dich entscheidest: Dieser Ausflug ans Wasser fühlt sich immer wie Urlaub an.

1+1 Pommes „Bobo Style" gratis

Einlösbar bis 31.3.2025

1000 THINGS

Dein Erlebnis:

Das Bootshaus

Aktion gültig auf Pommes Bobo Style im Landtmann Das Bootshaus. Zur Einlösung ist der Voucher abzugeben. Keine Barablöse. 1 Voucher pro Person. Einlösbar von 1.12.2023 bis 31.3.2025. Es gelten die Einlösebedingungen des 1000things Erlebnisbuchs.

Du brauchst noch mehr Infos? Hier geht's zur Website!

1000 THINGS

1000things.at/erlebnisbuch

Viel Spaß bei diesem *Erlebnis!*

Aktion gültig auf Pommes Bobo Style im Landtmann Das Bootshaus. Zur Einlösung ist der Voucher abzugeben. Keine Barablöse. 1 Voucher pro Person. Einlösbar von 1.12.2023 bis 31.3.2025. Es gelten die Einlösebedingungen des 1000things Erlebnisbuchs.

So war's im *Landtmann Das Bootshaus*

Ich war dort mit...

DATUM:

Drink des Besuchs:

Gericht des Besuchs:

MEIN PERSÖNLICHES HIGHLIGHT:

Sternebewertung:

SERVICE ☆☆☆☆☆
AMBIENTE ☆☆☆☆☆
GESCHMACK ☆☆☆☆☆
PREIS/LEISTUNG ☆☆☆☆☆

NOCHMAL? ○ **ja** ○ **nein**

Napoleon

1220 WIEN, KAGRANER PLATZ 33, @NAPOLEON.WIEN, NAPOLEON.WIEN

Am Kagraner Platz 33 befindet sich der schönste Gastgarten Kagrans. Das wusstest du nicht? Dann schnapp dir deine Begleitung und mach's dir bei frisch gezapftem Bier und köstlichen Gasthausklassikern gemütlich. Bei niedrigen Temperaturen findest du hier fix auch drinnen ein Platzerl zum Schlemmen, Feiern oder einfach Beisammensitzen.

Neben den Gebackenen Mäusen auch empfehlenswert: das preiswerte Mittagsmenü unter der Woche und der Schweinsbraten am Wochenende

1+1 Gebackene Mäuse gratis

Einlösbar bis 31.3.2025

1000 THINGS

Dein Erlebnis:

Napoleon

Aktion gültig auf Gebackene Mäuse im Napoleon Wien. Zur Einlösung ist der Voucher abzugeben. Keine Barablöse. 1 Voucher pro Person. Einlösbar von 1.12.2023 bis 31.3.2025. Es gelten die Einlösebedingungen des 1000things Erlebnisbuchs.

Du brauchst noch mehr Infos? Hier geht's zur Website!

1000 THINGS

1000things.at/erlebnisbuch

Viel Spaß bei diesem *Erlebnis*!

Aktion gültig auf Gebackene Mäuse im Napoleon Wien. Zur Einlösung ist der Voucher abzugeben. Keine Barablöse. 1 Voucher pro Person. Einlösbar von 1.12.2023 bis 31.3.2025. Es gelten die Einlösebedingungen des 1000things Erlebnisbuchs.

So war's im *Napoleon*

Ich war dort mit:

DATUM:

Drink des Besuchs:

Gericht des Besuchs:

MEIN PERSÖNLICHES HIGHLIGHT:

Sternebewertung:

SERVICE ☆☆☆☆☆

AMBIENTE ☆☆☆☆☆

GESCHMACK ☆☆☆☆☆

PREIS/LEISTUNG ☆☆☆☆☆

NOCHMAL? ○ **ja** ○ **nein**

OBEN
Küche und Bar

1070 WIEN, URBAN-LORITZ-PLATZ 2A,
0670 601 27 89, OBEN.AT

Wien schon von oben gesehen?“ Okay, vermutlich ja. Aber: Hattest du dabei schon mal ein richtig gutes Frühstück vor der Nase stehen? Fall du vogelperspektivisch brunchen willst, ist das OBEN ein supertoller Ort, um mit einem ausgedehnten Morgenschmaus in den Tag zu starten. Panoramablicke über die Innenstadt inklusive.

Unsere Empfehlung: das Plant-Power-Frühstück mit knusprigem Portobellopilz, Kimchi, Muskatkürbis und ganz viel mehr vegan heaven.

© Foto: Lara Hensel

1+1
Frühstück gratis

Einlösbar bis 31.3.2025

1000 THINGS

Dein Erlebnis:
OBEN
Küche und Bar

Voucher-Inhalt bezieht sich auf das günstigere Frühstück. Einlösbar von Montag bis Donnerstag zwischen 10.00 und 11.30 Uhr. Kann nicht am Freitag, Samstag oder zum Sonntagsbrunch eingelöst werden. Einlösbar von 1.12.2023 bis 31.3.2025. Es gelten die Einlösebedingungen des 1000things Erlebnisbuchs.

Du brauchst noch mehr Infos? Hier geht’s zur Website!

1000 THINGS

1000things.at/erlebnisbuch

Viel Spaß bei diesem *Erlebnis!*

Voucher-Inhalt bezieht sich auf das günstigere Frühstück. Einlösbar von Montag bis Donnerstag zwischen 10.00 und 11.30 Uhr. Kann nicht am Freitag, Samstag oder zum Sonntagsbrunch eingelöst werden. Einlösbar von 1.12.2023 bis 31.3.2025. Es gelten die Einlösebedingungen des 1000things Erlebnisbuchs.

So war's bei *OBEN Küche und Bar*

Ich war dort mit:

DATUM:

Drink des Besuchs:

Gericht des Besuchs:

MEIN PERSÖNLICHES HIGHLIGHT:

Sternebewertung:

SERVICE ☆ ☆ ☆ ☆ ☆

AMBIENTE ☆ ☆ ☆ ☆ ☆

GESCHMACK ☆ ☆ ☆ ☆ ☆

PREIS/LEISTUNG ☆ ☆ ☆ ☆ ☆

NOCHMAL? ○ **ja** ○ **nein**

Marks

1070 WIEN, NEUSTIFTGASSE 82,
01 522 32 90, RESTAURANT-MARKS.AT

Wir plaudern mal aus dem 1000things Nähkasterl und verraten: Das Marks ist unser Stamm-Beisl, in dem wir regelmäßig unsere Mittagspausen verbringen. Besitzer Mario ist nicht nur ein wahrer Goldschatz, sondern zaubert dir auch von Couscous-Falafel-Bowl über Maishuhn aus dem Ofen bis hin zum Cheeseburger sämtliche Köstlichkeiten auf den Teller.

Unser liebster Fact vom Marks und good News für alle Langschläfer*innen: Frühstück bekommt man hier ganztags.

1+1

Frühstück + Heißgetränk gratis

Einlösbar bis 31.3.2025

1000 THINGS

Dein Erlebnis:

Marks

Das günstigere Frühstück + Getränk gehen aufs Haus. Bitte vorher reservieren und angeben, dass ein Voucher vom 1000things Erlebnisbuch eingelöst werden möchte. Einlösbar von 1.12.2023 bis 31.3.2025. Es gelten die Einlösebedingungen des 1000things Erlebnisbuchs.

Du brauchst noch mehr Infos? Hier geht's zur Website!

1000 THINGS

1000things.at/erlebnisbuch

Viel Spaß bei diesem *Erlebnis!*

Das günstigere Frühstück + Getränk gehen aufs Haus. Bitte vorher reservieren und angeben, dass ein Voucher vom 1000things Erlebnisbuch eingelöst werden möchte. Einlösbar von 1.12.2023 bis 31.3.2025. Es gelten die Einlösebedingungen des 1000things Erlebnisbuchs.

So war's im *Marks*

Ich war dort mit...

DATUM:

Drink des Besuchs:

Gericht des Besuchs:

MEIN PERSÖNLICHES HIGHLIGHT:

Sternebewertung:

SERVICE ☆ ☆ ☆ ☆ ☆
AMBIENTE ☆ ☆ ☆ ☆ ☆
GESCHMACK ☆ ☆ ☆ ☆ ☆
PREIS/LEISTUNG ☆ ☆ ☆ ☆ ☆

NOCHMAL? ○ **ja** ○ **nein**

Wiener Würstelstand

1080 WIEN, PFEILGASSE 1 |
1090 WIEN, JOSEF-HOLAUBEK-PLATZ,
SPITTELAU U4 AUSGANG,
IG: @WIENERWUERSTELSTAND

Wer die Wiener-Würstelstand-Kultur liebt, sollte an dem Original definitiv Halt machen. Im achten sowie im neunten Bezirk kannst du je nach Gusto Bio-Würstel aus der hauseigenen Manufaktur, goldbraun gebackene Rohscheiben, Original Bosna mit Würstel aus Ottakring und vegane Pilzwurst im Brot mampfen. Der Snack schmeckt natürlich zu jeder Uhrzeit köstlich, aber abends beim Fortgehen irgendwie noch ein Stückerl besser, wie wir finden.

© Foto: Luisa Franz Kleopatra

So war‘s bei *Wiener Würstelstand*

Ich war dort mit:

DATUM:

Drink des Besuchs:

WEIN

Gericht des Besuchs:

MEIN PERSÖNLICHES HIGHLIGHT:

Sternebewertung:

SERVICE ☆ ☆ ☆ ☆ ☆

AMBIENTE ☆ ☆ ☆ ☆ ☆

GESCHMACK ☆ ☆ ☆ ☆ ☆

PREIS/LEISTUNG ☆ ☆ ☆ ☆ ☆

NOCHMAL? ○ **ja** ○ **nein**

Mayer am Pfarrplatz

1190 WIEN, PFARRPLATZ 2,
+43 (0) 1 3701287, PFARRPLATZ.AT

Wusstest du, dass Wien die einzige Metropole der Welt mit nennenswertem Weinbau ist? Einen guten Teil dieses Titels hat die Stadt dem Traditionsheurigen Mayer am Pfarrplatz zu verdanken: Seit 1683 schon werden hier Gemischter Satz, Grüner Veltliner und Co von Wiener Lagen gekeltert. Und dort ausgeschenkt, wo einst Ludwig van Beethoven an der 9. Symphonie arbeitete.

Täglich ab 19 Uhr gibt's hier übrigens live Wiener Heurigenmusik!

1+1

gratis Weinorgel mit 5 verschiedenen hauseigenen, prämierten Raritätenweinen (1/16 L)

Einlösbar bis 31.3.2025

1000 THINGS

Dein Erlebnis:

Mayer am Pfarrplatz

Reservierung mit Voucher-Hinweis erforderlich. Nicht mit anderen Vouchern einlösbar. Keine Barablöse. Einlösbar von 1.12.2023 bis 31.3.2025. Es gelten die Einlösebedingungen des 1000things Erlebnisbuchs.

Du brauchst noch mehr Infos? Hier geht's zur Website!

1000 THINGS

1000things.at/erlebnisbuch

Viel Spaß bei diesem *Erlebnis!*

Reservierung mit Voucher-Hinweis erforderlich. Nicht mit anderen Vouchern einlösbar. Keine Barablöse. Einlösbar von 1.12.2023 bis 31.3.2025. Es gelten die Einlösebedingungen des 1000things Erlebnisbuchs.

So war's im *Heuriger Mayer*

Ich war dort mit: ____________________

DATUM: (   )

Drink des Besuchs: ____________________ WEIN

Gericht des Besuchs: ____________________

MEIN PERSÖNLICHES HIGHLIGHT: ____________________

Sternebewertung:

SERVICE ☆ ☆ ☆ ☆ ☆
AMBIENTE ☆ ☆ ☆ ☆ ☆
GESCHMACK ☆ ☆ ☆ ☆ ☆
PREIS/LEISTUNG ☆ ☆ ☆ ☆ ☆

NOCHMAL? ○ **ja** ○ **nein**

Pfarrwirt – *Das älteste Wirtshaus Wiens*

1190 WIEN, PFARRPLATZ 5,
01 370 73 73, PFARRWIRT.COM

Hach, der Pfarrwirt ist ein wahrer Ort zum Träumen und Schlemmen. Mitten in der Heurigen-Gegend Wiens kannst du hier im ältesten Wirtshaus der Stadt saisonale Traditionsküche und prämierte Weine probieren. Tipp: Schnapp dir im Genuss-Shop Mayer unbedingt auch ein paar Köstlichkeiten für daheim.

Unser historischer Lieblingsfakt: Die Geschichte des Wirtshauses reicht bis ins 12. Jahrhundert zurück. Was 1180 als Berghof betrieben wurde, ist heute eines der wertvollsten Gebäude der Stadt.

50%

Rabatt auf eine Flasche vom haußeigenen Lagenwein Wiener Gemischter Satz DAC Nussberg, Weingut Mayer am Pfarrplatz

Einlösbar bis 31.3.2025

1000 THINGS

Dein Erlebnis:

Pfarrwirt

Reservierung mit Voucher-Hinweis erforderlich. Nicht mit anderen Vouchern einlösbar. Ausschließlich gültig beim Pfarrwirt. Nicht für den Ab-Hof-Verkauf gültig. Keine Barablöse. Einlösbar von 1.12.2023 bis 31.3.2025. Es gelten die Einlösebedingungen des 1000things Erlebnisbuchs.

Du brauchst noch mehr Infos? Hier geht's zur Website!

1000 THINGS

1000things.at/erlebnisbuch

Viel Spaß bei diesem *Erlebnis!*

Reservierung mit Voucher-Hinweis erforderlich. Nicht mit anderen Vouchern einlösbar. Ausschließlich gültig beim Pfarrwirt. Nicht für den Ab-Hof-Verkauf gültig. Keine Barablöse. Einlösbar von 1.12.2023 bis 31.3.2025. Es gelten die Einlösebedingungen des 1000things Erlebnisbuchs.

So war's im *Pfarrwirt*

Ich war dort mit:

DATUM:

Drink des Besuchs:

Gericht des Besuchs:

MEIN PERSÖNLICHES HIGHLIGHT:

Sternebewertung:

SERVICE ☆☆☆☆☆

AMBIENTE ☆☆☆☆☆

GESCHMACK ☆☆☆☆☆

PREIS/LEISTUNG ☆☆☆☆☆

NOCHMAL? ○ **ja** ○ **nein**

Café Délice

1080 WIEN, SKODAGASSE 23,
0677 624 656 96, CAFEDELICEVIENNA.AT

Ein Coffee Date steht an? Im Herzen der bezaubernden Josefstadt findest du das Café Délice, in dem dir der Inhaber Meysam sämtliche Kaffeewünsche von den Augen abliest. Dich erwarten Spezialröstungen von Kuba bis Indien, verführerische Latte Art sowie Matcha und Chai, die dir fix deinen Morgen versüßen. Bestellen und genießen!

Yum: Zum Abbeißen gibt's hier selbstgemachte Brownies, Blaubeer-Blondies mit weißer Schoki, veganen Safran-Rosenwasserkuchen sowie Bananenbrot.

1+1 *Cappuccino + Croisant gratis*

Einlösbar bis 31.3.2025

1000 THINGS

Dein Erlebnis:

Café Délice

Einlösbar während der regulären Geschäftszeiten von 1.12.2023 bis 31.3.2025. Es gelten die Einlösebedingungen des 1000things Erlebnisbuchs.

Du brauchst noch mehr Infos? Hier geht's zur Website!

1000 THINGS

1000things.at/erlebnisbuch

Viel Spaß bei diesem *Erlebnis!*

Einlösbar während der regulären Geschäftszeiten von 1.12.2023 bis 31.3.2025. Es gelten die Einlösebedingungen des 1000things Erlebnisbuchs.

So war's im *Café Délice*

Ich war dort mit:

____

DATUM: (   )

Drink des Besuchs:

____

Gericht des Besuchs:

____

MEIN PERSÖNLICHES HIGHLIGHT:

____

Sternebewertung:

SERVICE ☆☆☆☆☆

AMBIENTE ☆☆☆☆☆

GESCHMACK ☆☆☆☆☆

PREIS/LEISTUNG ☆☆☆☆☆

NOCHMAL? ○ **ja** ○ **nein**

Deine abschließenden Worte oder *whatever:*

DATUM:

PLATZ FÜR DEINEN
MARMELADENGLASMOMENT

PLATZ FÜR DEINEN
MARMELADENGLASMOMENT

PLATZ FÜR DEINEN
MARMELADENGLASMOMENT

PLATZ FÜR DEINEN
MARMELADENGLASMOMENT

PLATZ FÜR DEINEN
MARMELADENGLASMOMENT

PLATZ FÜR DEINEN
MARMELADENGLASMOMENT

PLATZ FÜR DEINEN
MARMELADENGLASMOMENT

Impressum

2. Auflage 2023
ISBN: 978-3-200-09301-0
1000things.at

Idee:
Jan Pöltner (Geschäftsführung)

Projektleitung und Konzept:
Marie Amenitsch (Lead Innovation)
Redaktion und Konzept:
Viktoria Klimpfinger (Chefredakteurin)
Copywriting und Konzept:
Evgenia Karp (Senior Copywriterin)
Michael Haller (Copywriter)

Design und Layout:
Sandra Spiegl (Grafikdesignerin)
Toni Eisner (Creative Director, Art)
Bildbearbeitung:
Melanie Höllerbauer (Post-Production Artist)

Bewerbung und Kampagne:
Michelle Doninger (Junior Social Media Creatorin)
Julia Maiss (Head of Agency)

Redigat
Alissa Hacker (Redakteurin)
David Samhaber (Redakteur)
Michael Simmer (Redakteur)

Finance & Vertrieb:
Anna Huber (Sales Managerin)
Lukas Berger (Geschäftsführer & Lead Account Management/Sales)
Sabine Erhardt (Lead Finance & HR)
Julia Ginner (Junior Operations Managerin)

Social Media:
Lisa Oberndorfer (Lead Social Media)
Julia Riedesser (Junior Social Media Creatorin)

Stellvertretend für das ganze großartige 1000things Team, ohne dem das 1000things Erlebnisbuch nie hätte realisiert werden können.

1000things GmbH
Burggasse 94a
1070 Wien
web: 1000things.at
mail: erlebnisbuch@1000things.at

Druckerei
Service 4 You, GmbH
service4you.at

Fotos Bezirksseiten
Ines Futterknecht
inesfutterknecht.com

Hast du Feedback für uns?

Im August 2023 war es endlich so weit: Wir haben unser 1000things Erlebnisbuch auf die lange Reise zur Druckerei und schließlich zu dir nach Hause geschickt. Und jetzt sind wir natürlich gespannt wie Wäscheleinen, nervös wie Führerscheinprüflinge, neugierig wie Waschbären in der Speis', wie es dir, ja, genau dir, gefällt. Da es unser allererstes Print-Baby ist, sind wir richtig scharf auf deine ehrliche Meinung. Einfach QR-Code scannen und Anmerkungen, Beschwerden und Liebesbriefe loswerden. Und wenn du Fragen rund um das 1000things Erlebnisbuch, die Gutscheine und unsere Tipps hast, dann wende dich bitte an *erlebnisbuch@1000things.at*.

1000 THINGS